Curso de Preparação para Evangelizador da Infância

Equipe de Evangelização Infantojuvenil da Aliança Espírita Evangélica

Curso de Preparação para Evangelizador da Infância

Aliança

3ª edição, 8ª reimpressão, Julho/2023, do 6.700º ao 7.200º milheiro

Título
CURSO DE PREPARAÇÃO PARA EVANGELIZADOR DA INFÂNCIA

Autor
M. Filomena C. Lopes / Marcelino Tristan Vargas
Elizabeth M. A. Miyashiro / Sandra Regina R. S. Pizarro

Organização
Vera Perez

Revisão
Equipe de Evangelização Infantil

Planejamento Gráfico
Elifas Alves / Thelma Camargo Pinto

Diagramação
Sônia Silva

Ilustração de Miolo
Marcelino Tristan Vargas

Ilustração da Capa
Elifas Alves

Impressão
Graphium Gráfica e Editora Ltda.

Ficha Catalográfica

Dados Internacionais de Catalogação na Publicação (CIP)
— Câmara Brasileira do Livro | SP | Brasil —

Autores Diversos
L763c Curso de Preparação para Evangelizador da Infância
3ª edição - São Paulo: Editora Aliança, 2021.
ISBN: 978-85-88783-37-8

1. Espiritismo 2. Religião I. Título

CDD 130

Editora Aliança
Rua Major Diogo, 511 - Bela Vista - São Paulo - SP
CEP 01324-001 | Tel.: (11) 2105-2600
www.editoraalianca.com.br | editora@editoraalianca.com.br

SUMÁRIO

APRESENTAÇÃO E ESCLARECIMENTOS

*E*ste livro visa à organização e a estruturação do Curso de Preparação para Evangelizador Infantojuvenil, buscando resgatar e revisar as orientações contidas em várias obras que direcionam o trabalho de Moral Cristã e cuja bibliografia encontra-se no final deste livro.

Acreditamos sinceramente que a Evangelização Infantil é capaz de ajudar a criança em sua formação, proporcionando-lhe equilíbrio e transformando-a em um indivíduo cuja missão é servir a *DEUS*, à *FAMÍLIA* e à *PÁTRIA*.

Através do conhecimento dos ensinamentos de Jesus, uma porta abrir-se-á capaz de preencher a grande lacuna existente entre aqueles que crescem envolvidos com todo o conforto material, mas longe de Deus, tornando-se infelizes, frustrados pelo comodismo, joguete dos vícios ou perdidos no vazio e na indiferença.

Este livro contém pontos fundamentais voltados à preparação e à conscientização sobre o trabalho de evangelização infantil, de forma prática, simples e dinâmica, para que os conceitos básicos sejam bem entendidos e estes se tornem de utilidade na prática do trabalho semanal.

As 12 aulas que compõem o curso de preparação para evangelizadores conceituam a maneira pela qual entendemos o ser humano, a criança e o jovem em particular.

Esta conceituação não é nossa, ou de um grupo, ela é o resultado da análise, experiências e vivências que conseguimos apreender através de estudo minucioso e prolongado no decorrer destes anos, com muitos autores e pesquisadores.

Este roteiro vem ao encontro do programa da Aliança, que é a vivência do Evangelho de Jesus através do trabalho, do conhecimento e da disciplina.

Aos evangelizadores compete não se deterem apenas na execução das aulas semanais, mas também buscar o aperfeiçoamento de seus conhecimentos através de vivências e reciclagens que os ajudarão na tarefa a que se propõem desenvolver junto ao público infantojuvenil.

Estamos convencidos de que só o amor salva e constrói, e que a maneira ideal de plantarmos este amor no coração das crianças é levá-las ao conhecimento do roteiro seguro do Evangelho, na assertiva de Emmanuel quando diz:

"UM CRISTÃO SEM ATIVIDADE NO BEM É UM DOENTE DE MAU ASPECTO, PESANDO NA ECONOMIA DA COLETIVIDADE. NO EVANGELHO, A POSIÇÃO NEUTRA SIGNIFICA MENOR ESFORÇO. "

Este livro foi feito pensando em você, evangelizador — que é um ser humano muito especial, com características próprias, e que o teor do trabalho infantil o diferencia dos demais.

Sabemos que você possui uma enorme vontade interior e que estas informações podem facilitar o despertamento deste potencial, visando o espírito de trabalho na alegria do serviço com Jesus.

Temos lutado por uma Evangelização calcada na legenda dos cinco "S":

Seja Sempre Seguida a Sério Semanalmente, procurando atender às solicitações de cursos e orientações para a implantação e capacitação de evangelizadores para o bom desenvolvimento das

Aulas de Moral Cristã, a fim de que as crianças recebam atenção em todos os seus aspectos: moral, espiritual e emocional.

Neste livro, apontamos como é importante o conhecimento das noções básicas de psicologia educacional, pedagogia e toda a dinâmica que envolve o trato com as crianças, bem como orientações gerais sobre a organização do trabalho para o preparo de um número cada vez maior de trabalhadores.

Não pretendemos discutir longamente as teorias porque sabemos que um dos maiores obstáculos na prática da educação é justamente passar da teoria à prática.

"MIL CONCEITOS TEÓRICOS DE NADA VALEM SE NÃO FOREM APLICADOS CORRETAMENTE."

Esperamos que a essência dos ensinamentos na exposição das aulas seja atingida, pois a simplicidade e a objetividade nas explicações deverão preponderar e, através destas informações, mostrar o que a evangelização pode fazer pelo crescimento das crianças na busca da paz e da renovação interior.

O objetivo é facilitar a realização dos Cursos Preparatórios, para o maior número de alunos, oferecendo informações básicas e esclarecedoras para a realização deste trabalho — Evangelização Infantojuvenil — chamando a atenção da direção das Casas sobre este assunto que, na maioria das vezes, fica relegado ao esquecimento ou sob a responsabilidade de alguns poucos abnegados.

Alicerçados na experiência e vivência daqueles que elaboram e realizam cursos para os trabalhadores da infância foi possível o selecionamento de material para uma carga horária de, no mínimo, 12 horas[1], para serem ministradas conforme a necessidade de cada Casa.

Não devemos esquecer que o preparo e o conhecimento dos assuntos que envolvem a educação, em todos os seus aspectos, não é questão puramente de opinião particular e sim, ciência, que também tem seus estudiosos e especialistas.

Com este trabalho visamos, unicamente, colaborar com a preparação de trabalhadores que desejam a transformação do clima social e espiritual do Brasil, pois sabemos que, somente pela formação moral cristã, iniciada na infância, as crianças descobrirão e construirão um mundo cada dia melhor!

"ENSINAR É APRENDER DUAS VEZES."

Vera Perez

[1] De acordo com uma pesquisa realizada em 2008 entre as várias regionais, estabeleceu-se que a carga horária mínima para a realização do Curso é de 16 horas. (*Vivência do Espiritismo Religioso*, 2014, Editora Aliança, capítulo 2.1, página 88.)

ESCLARECIMENTOS SOBRE A 3ª EDIÇÃO

Em 2015 a Equipe de apoio à Evangelização Infantil, formada pelos coordenadores regionais de Evangelização Infantil, estabeleceu como plano de ação a melhoria dos cursos de preparação de Evangelizadores.

Uma das ações pensadas foi a revisão deste livro, que é utilizado como base dos cursos. Em 2016 foi criada uma equipe para esta tarefa. Sua primeira ação foi uma consulta, junto aos expositores e organizadores dos cursos de formação, sobre quais temas / capítulos necessitavam de revisão.

Tabulada a pesquisa, chegou-se à conclusão de que eram necessárias modificações no capítulo 8, a começar por seu título. Em 2020 o novo capítulo 8 ficou pronto, bem como a revisão ortográfica e gramatical de todo o livro. Além disso, o capítulo 7, "Características biopsicossociais das crianças", ganhou um detalhamento maior das características das crianças de 10 e 11 anos (Ciclo Intermediário).

Esperamos que este novo livro, atualizado, possa auxiliar Evangelizadores, expositores e coordenadores de cursos, em suas atividades junto à Evangelização Infantil.

Equipe de apoio à Evangelização Infantil
Maio / 2021

EVANGELIZAR

Evangelizar: o que significa esta palavra?

Podemos dizer: educar segundo a pedagogia do Cristo. Mas como? De que maneira?

De princípio, falando de amor, quando o mundo está a discorrer sobre guerras, lutas, violência... e toda sorte de crueldade, e onde se aplica a Lei de Talião (Olho por olho e dente por dente), agir conforme os ensinamentos de Jesus, ou seja, com bondade e perdão. (Se alguém lhe bater numa face, ofereça-lhe também a outra).

Mas, evangelizar, será essa uma pequena ou grande tarefa?

Depende de cada um. Depende de você, Evangelizador, no íntimo de seus ideais, fazer dela uma pequena ou grande tarefa.

Quanto às crianças, "suas" crianças, não importa as diferenças sociais que as distinguem. Devemos fazer crescer dentro delas os sentimentos nobres que as engrandecerão como Espírito imortal.

Mas nada poderemos ensinar a elas se não acreditarmos naquilo que falamos. Não faz sentido também usar "uma máscara de Evangelizador" no final de semana e, nos outros dias da semana, comportar-se como uma verdadeira "fera humana".

Para a criança, mais do que palavras, o que conta é a irradiação sincera de nossos sentimentos, transmitidos na forma de um sorriso, num gesto de carinho...

Não podemos nos esquecer ainda de que elas — assim como nós — enfrentam situações muito conflitantes na sociedade e, por isso mesmo, precisam de boa sustentação para a semeadura futura.

Tudo está em mudança, o planeta vive importantes transformações, o dinamismo da vida é constante e a linguagem do amor é universal.

Assim, sabendo que a evolução é permanente, cada um deve buscar seu próprio aperfeiçoamento, para o melhor da educação.

Não se ditam aqui regras gerais de comportamentos, o que se pretende é a compreensão do Evangelizador de que, tanto na vida como em matéria de evangelização, o dia de amanhã começa sempre nas construções do dia de hoje.

pelo Espírito Angélica.
Médium: Sônia M. S. Oliveira (CEAE/Manchester)

AULA

1

REFLEXÃO

"Não desprezes, pois, a criança, entregando-a aos impulsos da natureza animalizada.
Recorda que todos nos achamos em processo de educação e reeducação diante do Divino Mestre.
(...) Lembremo-nos da nutrição espiritual dos meninos,
através de nossas atitudes e exemplos, avisos e correções, em tempo oportuno,
de vez que desamparar moralmente a criança, nas tarefas de hoje,
será condená-la ao menosprezo de si mesma,
nos serviços de que se responsabilizará amanhã."

Emmanuel, Fonte Viva, cap. 157

1

Conscientização, Objetivos e Finalidades da Evangelização Infantil

1. CONSCIENTIZAÇÃO SOBRE O TRABALHO DA EVANGELIZAÇÃO INFANTOJUVENIL

No contato com as crianças cada vez mais percebemos o papel importantíssimo que a Evangelização Infantojuvenil desempenha no programa dos trabalhos da casa espírita, com a finalidade de formar adultos mais felizes, integrados ao ambiente em que vivem e cônscios de seus deveres e direitos.

Trabalhar, orientar, ter paciência, amar e conhecer as fases de seu desenvolvimento são condições básicas e necessárias para a realização de um trabalho seguro, contínuo e disciplinado, necessitando para isso dedicarmos algumas horas para a aprendizagem, orientações e esclarecimentos sobre psicologia educacional, pedagogia e a dinâmica que envolve o trato com as crianças.

Acreditamos profundamente que a Evangelização Infantil é capaz de ajudar a criança na sua formação e no seu equilíbrio futuro.

As crianças das cidades grandes não brincam mais em parques, nas praças e nas ruas, pois estes não são mais locais que atendem à proteção e segurança. Os pais saem para o trabalho e deixam a sua educação por conta da escola tradicional ou de empregados, assim sacrificando, na maioria das vezes, a iniciação religiosa dos filhos.

Para minimizar esta falha os Centros Espíritas devem convidar as crianças para participarem do programa de aulas, proporcionando-lhes momentos de aprendizado, deixando-as perceber que o Evangelho é alegria, não fazendo distinção de pessoas.

No entanto, para que este convite seja feito e para que os evangelizadores possam dar às crianças aulas proveitosas e dinâmicas, se faz necessária a capacitação de cada um, através da aprendizagem de matérias que tratem de assuntos relacionados com a educação e a didática.

Somente com o devido preparo e a efetiva conscientização dos evangelizadores o convite para as aulas de Evangelização Infantil será melhor conduzido. Esta é, portanto, a finalidade e o objetivo deste CURSO DE PREPARAÇÃO PARA EVANGELIZADORES.

1.1 MENSAGEM DE RICHARD SIMONETTI, EXTRAÍDA DO LIVRO *A FORÇA DAS IDEIAS*

Pergunta: *Como você interpretaria a atitude de pais espíritas que dizem assim: "Nossos filhos não querem frequentar as aulas de evangelização infantil. Não podemos violentar seu livre-arbítrio. Esperaremos que cresçam para decidirem sobre o assunto."*

Resposta: *Pura omissão. Nenhum pai pergunta aos filhos se desejam tomar banho, se estão dispostos a frequentar a escola ou tomar determinado remédio quando necessário.*

Pergunta: *Qual o grau de importância que você daria à orientação religiosa na formação da criança e do jovem?*

***Resposta**: É tão importante quanto à formação profissional. Com esta habilitamo-nos a adquirir os recursos necessários à subsistência. Com a orientação religiosa aprendemos a viver.*

***Pergunta**: Até que ponto a Evangelização Infantil contribuirá para a edificação da sociedade cristianizada no Terceiro Milênio?*

***Resposta**: O homem do futuro terá uma característica fundamental: o respeito às leis divinas. Isto implica em conhecer essa legislação, enunciada por Jesus.*

☞ ***Por isso é indispensável evangelizar.***

***Pergunta**: Os pais e os responsáveis pelas crianças serão questionados no Plano Espiritual pelo que fizeram ou deixaram de fazer quanto à orientação religiosa dos filhos?*

***Resposta**: Sem dúvida alguma. E fatalmente responderão por sua omissão, principalmente quando os filhos comprometerem-se no vício e no desajuste. Então perguntarão a si mesmos: "Não teria sido diferente se lhes houvéssemos proporcionado uma iniciação religiosa? "*

***Pergunta**: Como você situaria no conjunto das atividades da instituição espírita, a tarefa da evangelização?*

***Resposta**: É a mais importante. Com os serviços assistenciais e a orientação doutrinária ajudamos as crianças de ontem, que hoje se ferem nos desvios existenciais. Com a evangelização ajudamos o homem de amanhã a evitar esses desvios.*

***Pergunta**: Como você vê a tarefa desempenhada pelo Evangelizador?*

***Resposta**: Um abençoado serviço de jardinagem espiritual. Ele contribui para que nossos filhos desabrochem para a vida como pessoas conscientes e disciplinadas, capazes de contribuir para uma sociedade mais consciente e feliz.*

***Pergunta**: Uma mensagem para aqueles que pensam em evangelizar.*

***Resposta**: Considerem que ensinar é como amar. Impossível exercitar em plenitude sem devoção. Devoção ao aprendiz — amor que motiva; devoção ao aprendizado — amor que se aprimora.*

***Pergunta**: Uma mensagem para aqueles que deixaram de evangelizar por um motivo qualquer.*

***Resposta**: Ninguém deixa de evangelizar por um motivo qualquer. Se o fizeram é porque faltou-lhes devoção.*

1.2 MENSAGEM DE DIVALDO PEREIRA FRANCO SOBRE A EVANGELIZAÇÃO INFANTIL

É de alta importância a tarefa da educação espírita das novas gerações. Colocamos aqui a expressão educação espírita numa abrangência maior do que a da evangelização, porque a evangelização pura e simples pode parecer uma questão já colocada por determinadas doutrinas religiosas do passado.

Mas a educação espírita, trazendo a evangelização infantojuvenil à luz do Espiritismo, é tarefa de emergência, mais do que de urgência, porque a violência e a agressividade que hoje estão em nossas ruas, são frutos da falta de educação de massa, da educação espiritual em profundidade.

1

Diz-se muito que isso tudo é resultado, em linhas gerais, dos problemas socioeconômicos.

Os estudiosos especializados têm chegado a muitas conclusões.

Lamentavelmente, ainda não lemos, fora da área espírita, um sociólogo, um pedagogo que tenha chegado à conclusão de que tudo isso resulta de fatores morais geradores do egoísmo, por consequência, dos problemas socioeconômicos.

A BASE É, PORTANTO, O PROBLEMA MORAL.

A educação espírita das gerações novas vai criar uma mentalidade sadia, porque ensinará à criança, desde cedo, que o berço não é o início da vida — é o começo do corpo; e o túmulo não é o fim da vida — é a porta de saída do corpo.

Falando-lhe de reencarnação, situando no seu devido lugar a tarefa preponderante do Cristianismo, a obra da educação das gerações novas preparará o mundo, este é um mister de muita importância que os espíritas não devem deixar à margem.

Temos ouvido alguns confrades:

— Eu não forço meus filhos para a evangelização espírita, porque sou muito liberal.

Ao que deveria ajuntar:

— Porque não tenho força moral.

Se o filho está doente, ele força a tomar remédios, se o filho não quer ir à escola, ele o exige. Isto porque acredita no remédio e na educação. Mas não crê na religião quando afirma:

— Vou deixá-lo crescer, depois ele escolherá.

Isso representa o mesmo que o deixar contaminar pelo tétano ou outra enfermidade para depois aplicar o remédio, elucidando:

— Você viu que não deve pisar em ferro enferrujado?

Agora irei medicá-lo.

Ou tuberculoso para falar-lhe dos preceitos da higiene e da saúde.

Se damos a melhor alimentação, o melhor vestuário, o melhor colégio, dentro das possibilidades, aos filhos, por que não lhes damos a melhor religião, que é a que elegemos? Cumpre aos pais o dever de dar o que há de melhor.

Se os pais encontrarem no Espiritismo, a diretriz de libertação, eis o melhor para dar, e não deixar aos filhos escolherem, porque estes ainda não sabem discernir.

Vamos orientá-los. Vamos "forçá-los", motivando-os, levando-os a observar através da demonstração de exemplo em casa, que o Espiritismo é o que há de melhor. Não como fazem muitos: obrigam os filhos a irem à evangelização e em casa não mantêm uma postura espírita.

É natural que os filhos recalcitrem, observando que os pais dizem-se espíritas, mas na intimidade do lar decepcionam. Se, todavia, os pais são espíritas também em casa, eles irão, felizes, às aulas, porque estão impregnados de exemplos.

Em Salvador, que é uma cidade praiana, outros me têm proposto:

— Divaldo, vamos arranjar outra hora mais conveniente para transferir a evangelização, porque, você sabe, o domingo é o dia de praia.

— E que hora será própria? Pergunto.

— Outra hora.

Voltam a me perguntar:

— O que você acha?

— Eu não acho nada, porque não tenho filhos, vocês é que os têm.

— Mas não poderia ser noutra hora? Voltam à carga.

— Depende de vocês acharem a hora, porque considerem: Durante os dias da semana não pode ser, de vez que todos estão estudando; no sábado à tarde o evangelizador também tem de cuidar de seus compromissos; no domingo à tarde as crianças têm as festinhas de aniversário; à noite não convém porque criança não pode dormir tarde; domingo pela manhã não é possível, por causa da praia...

As pessoas coçam a cabeça e concluem:

— É um problema, não?

E eu esclareço:

— É! Praia é um problema, porque acomoda muita gente.

— Não — dizem — a praia não, o problema é esse negócio de evangelização.

E, então encerro o assunto:

— Não, não acho, creio, aliás, que é a solução dos problemas.

Aqueles que assim agem, não são espíritas. Na verdade, eles não desejam que o filho vá à praia. Ocupando-se em trazer o filho à evangelização, eles sim perdem a praia, o problema é esse.

**SEMPRE SUGIRO, PERCAM UMAS PRAIAS, MAS SALVEM SEUS FILHOS.
A MISSÃO DO ESPIRITISMO É EVANGELIZAR!**

1.3 COMO E POR QUE SER EVANGELIZADOR?

As respostas a estas questões não encontrarei escritas neste livro, e sim, no fundo da alma, lá dentro do meu coração, e somente ele poderá ver.

Tudo o que há de sábio nasce da doação e vem do coração.

Se este sentimento não existir no fundo do meu ser, nunca serei um evangelizador, pois é fácil ensinar a ler e a escrever; entretanto, não é tão fácil ensinar a perdoar, a dar, a construir; porque para transmitir estes sentimentos é necessário que primeiro se tenha perdoado, dado e construído.

Um evangelizador deve pensar que não será evangelizador apenas por seu título, mas por sua integridade moral, por sua capacidade de amar, pelo que possa fazer nascer nos evangelizandos postos aos seus cuidados.

É importante que eu tenha bons conhecimentos da Doutrina Espírita.

Indispensável é que tenha cursado a Escola de Aprendizes do Evangelho (EAE)[2], ou esteja cursando e submetendo-me ao esforço da Reforma Íntima, e que me prepare através do curso específico para o trabalho.

Não existe limite de idade para que eu possa exercer a minha tarefa.

---

[2] As casas integradas ao ideal da Aliança Espírita Evangélica oferecem periodicamente este curso. Nos municípios que não têm casas integradas é possível cursar a Escola de Aprendizes do Evangelho à distância. Maiores informações no site www.alianca.org.br . (Nota da Editora)

Jovem ou maduro, desde que eu esteja investido da vontade de realizar a tarefa na seara de Jesus, com abnegação, fraternidade e amor, e que esteja aberto e receptivo ao estudo e às atualizações, estarei apto ao desempenho desse trabalho, próprio de idealistas.

Devo, como evangelizador, desenvolver intimamente os requisitos básicos, respeitando as criaturas das mais variadas procedências religiosas, não promovendo separatividades ou entrando em desacordo com outras doutrinas.

Devo ainda respeitar, aceitar e procurar ajudar os companheiros em suas limitações.

Nunca provocarei ou alimentarei discussões ou polêmicas sobre filosofias e religiões, e procurarei ainda receber com serenidade quaisquer agressões verbais, ou críticas que a mim sejam dirigidas.

O contato com crianças de diversos meios sociais e outros credos será de grande valor para eu testemunhar a fraternidade.

Elevada e altruística é a missão do evangelizador e, para o bom desempenho da mesma, a fim de alcançar o seu ideal, é preciso que eu tenha, moralmente, uma conduta à altura do que prego. Em resumo: *devo ter vida ilibada.*

Senão, vejamos:

— Como posso ensinar às crianças o que eu mesmo não pratico?

Assumindo o compromisso de dirigir uma turma de crianças, devo estar consciente da responsabilidade que me aguarda, tudo fazendo no campo do entusiasmo, ânimo, devotamento para o cumprimento do ideal de evangelizar.

Que eu tenha em mente sempre e a todo instante as palavras imortais de Francisco de Assis:

Senhor! Fazei de mim um instrumento da vossa paz!

Que assim seja! Que assim seja!

1.4 MENSAGEM RECEBIDA NO ENCERRAMENTO DO CURSO DE EVANGELIZAÇÃO – 22.3.97

Queridos Companheiros,

Como um bom evangelizador, vou contar-lhes uma história que aconteceu há muito tempo.

Era uma vez um homem já vivido, cansado e que já tinha passado por tudo o que a vida nos reserva. Resolveu, meio que atordoado pelo sofrimento, sair a caminhar pelo mundo, supondo encontrar algo que nem ele mesmo sabia o que era.

Caminhou, caminhou, mas a idade já lhe pesava nos ombros e chegou um determinado dia em que não conseguiu mais andar. Sentou-se à beira da estrada. Sentindo-se fraco, começou a desfalecer, e o primeiro rosto que lhe veio à mente foi o da mãe querida.

Que saudade daquela doce figura, daqueles olhos ternos, das mãos que o acariciavam.

Em seguida veio-lhe o rosto do bondoso pai, que lhe ensinou o valor do trabalho.

Os rostos dos irmãos a irradiar alegria, brincadeiras e amizade.

Durante alguns instantes aquelas imagens não lhe saíam da mente. O rosto da mãe, o rosto do pai, os rostos dos irmãos.

De repente veio-lhe outro rosto que, de tanto tempo, quase não lembrava mais, mas era tão querido quanto os outros.

Era o rosto da velha e boa professora. Que alegria invadiu-lhe o coração!

1

"A minha professora", pensava.

Naquele instante não era mais o velho cansado e doente, era de novo menino, e lembrava que fora com ela que aprendera a amar, a respeitar os colegas e a esperar sua vez.

Aprendeu a ouvir, prestar atenção, fazer silêncio e a conversar. Aprendeu que a escola não era apenas ler, escrever e contar.

Aprendeu que a vida não era somente as coisas que vemos. Era muito mais.

E que alegria sentia no peito ao lembrar quando a sua professora chegava pela manhã trazendo tantas coisas novas para ensinar. Sentia ainda o seu gesto de carinho e compreensão quando ele chegava de casa triste, aflito pelas brigas que lá assistia, pela falta de comida, de brinquedos e algumas vezes de compreensão.

E lá estava a sua professora, de braços prontos a abraçá-lo e a dizer:

— Bom-dia, bem-vindo, meu querido aluno. Vamos fazer a nossa prece antes da aula começar.

Ah! Que imagem boa a da sua querida professora! Aquela que lhe abriu e mostrou o caminho para uma vida melhor, cheia de descobertas.

E foi com esta imagem que ele deixou o nosso mundo e partiu para a vida espiritual.

E, que surpresa ao chegar lá. Quem encontrou?

A velha e boa professora lá estava rodeada de tantos outros a quem Deus lhe dera a missão de educar, de ensinar, de ser na Terra a voz dos ensinamentos de Jesus.

Que a Paz de Jesus envolva a todos vocês, EVANGELIZADORES DE CRIANÇAS!

Médium e Evangelizadora: Edna Z. de Froes Mesquita,
CEAE/Genebra, SP

2. OBJETIVOS DA EVANGELIZAÇÃO INFANTIL

O principal objetivo da Evangelização Infantil é dar recursos certos, justos, verdadeiros ao Espírito recém-encarnado, evitando desde o início que o seu subconsciente arquive ideias errôneas sobre a vida, a morte e o futuro do Espírito em temporária evolução na matéria.

Mas acima de tudo o que diz a parábola:

E o discípulo disse ao novo Mestre:

— Aprendi com meu antigo Mestre que devo aceitar o NASCIMENTO E A MORTE.

— E o que você quer de mim, afinal?

— Quero aprender a aceitar o que está no MEIO!

É cultivar no Espírito da criança, desde o alvorecer da vida, o entendimento da prática das boas obras, a aquisição da moral e do saber, para que ela atinja a maturidade física, consciente de suas conquistas espirituais, conhecendo a si mesma e situando-se no universo como ser colaborador do Plano Divino.

O objetivo deste curso é proporcionar conhecimentos básicos aos voluntários que se propuserem à tarefa da evangelização, preparando-os de forma simples e segura, dando-lhes noções indispensáveis para que se utilizem de todos os recursos possíveis à aprendizagem que se faz necessária no caminho da semeadura do Evangelho.

2.1 POR QUE EDUCAR?

A educação é poderosa alavanca que corrige atitudes, emerge qualidades e canaliza energias.

É a educação a mola propulsora que prepara o bom cidadão e, consequentemente, a sociedade renovada, regida por leis sábias e evoluídas.

O progresso social é fruto da renovação moral do homem.

HOMEM MORALIZADO, SOCIEDADE MORALIZADA.

Se a família é a célula-mãe da sociedade e, se esta é fruto de agrupamentos familiares, é de premente conveniência que os pais primem no esforço de preparar com desvelo e cuidado a infância de hoje, figura do homem futuro, condutor da sociedade de amanhã.

Infância e juventude cristãs logicamente formarão sociedades cristianizadas, de mentes abertas e higienizadas, distinguidas pela fraternidade e pacifismo, concretizando em nossa humanidade o tão desejado sentimento de "Família Terrena", para mais tarde integrar-se no espírito de "Família Universal".

Como esperar um futuro melhor para a humanidade terrena, se não cuidarmos de educar nossas crianças nos postulados do Cristianismo puro, libertando-as das tradições estéreis, dos rituais, das adorações imobilizadas e improdutivas, das práticas aberrantes, do misticismo exagerado e caótico?

É preciso trabalhar no sentido de conscientizar o homem, desde a sua infância, da grande verdade contida na crença da imortalidade do Espírito e sua ascensão para a luz.

Para tal, se faz necessário lavrar o terreno, adubando-o com bons nutrientes, para que a semente floresça, dando bons frutos que, por sua vez, deixarão sementes de constituição mais sadia e robusta.

Não basta a aquisição de intelectualidade para resolver as situações da vida.

A psicologia, como ciência moderna, entende hoje, que tão ou mais necessário do que o **Quociente Intelectual — QI** — é necessário, o **Quociente Emocional — QE** — educando e aprimorando os sentimentos, auxiliando a conquista da moral elevada, para que haja constante renovação espiritual no ser humano.

2.2 POR QUE EDUCAR NO CENTRO ESPÍRITA?

EDUCAR é o mesmo que EVANGELIZAR para o AMOR e para a ETERNIDADE.

É auxiliar a criança a conhecer a si mesma e às Leis Divinas que regem os mundos e os seres.

É desenvolver as qualidades superiores que já existem dentro de cada criatura como herança divina.

A mensagem de Jesus não foi apenas aquela constante de suas palavras, mas também e principalmente aquela vivida e exemplificada em todos os atos da sua vida.

O Evangelho não se dirige apenas ao intelecto, mas principalmente ao sentimento, não é mensagem para ser apenas estudada, mas acima de tudo vivida.

Jesus se apresentou à humanidade dizendo:

1

"Vós chamais-me de Mestre e Senhor e dizeis bem, porque eu o sou. Se eu, pois, sendo Senhor e Mestre, lavei vossos pés, também vós deveis lavar vossos pés uns aos outros. Porque eu dei-vos o exemplo, para que, como eu vos fiz, assim façais vós também." (Jo 13:13-15)

A missão do mestre é educar.

Evangelizar, portanto, é educar utilizando-se do Evangelho como matéria de ensino.

Assim, o trabalho realizado pelos Centros Espíritas junto à criança será sempre um trabalho educativo e deverá necessariamente utilizar-se do Evangelho ensinado e vivido por Jesus, suficientemente esclarecido e explicado pela Doutrina Espírita e demais esclarecimentos contidos nos postulados da codificação em seu tríplice aspecto.

2.3 EXTRAÍDO DO LIVRO DE PEDRO DE CAMARGO (VINÍCIUS): O *MESTRE NA EDUCAÇÃO*

Conta-se que Licurgo, célebre orador ateniense, foi, certa ocasião, convidado a falar sobre EDUCAÇÃO.

Aceitou o convite, sob a condição de lhe concederem três meses de prazo. Findo esse tempo apresentou-se perante numerosa e seleta assembleia que aguardava ávida de curiosidade as palavras do consagrado orador.

Licurgo apareceu, então, trazendo consigo dois cães e duas lebres.

Soltou o primeiro cão e uma das lebres. A cena foi chocante e bárbara. O cão avança furioso sobre a lebre e a despedaça.

Soltou em seguida o segundo cão e a outra lebre. O cão pôs-se a brincar com a lebre amistosamente.

Ambos os animais corriam de um lado para o outro encontrando-se aqui e acolá para se afagarem mutuamente.

Ergue-se, então, Licurgo na tribuna e conclui:

EIS AÍ O QUE É EDUCAÇÃO.
O PRIMEIRO CÃO É DA MESMA RAÇA E IDADE DO SEGUNDO.
FOI TRATADO E ALIMENTADO EM IDÊNTICAS CONDIÇÕES.
A DIFERENÇA ENTRE ELES É QUE UM FOI EDUCADO E O OUTRO NÃO.

O objetivo máximo do Espiritismo nas escolas de Evangelização Infantil é precisamente esse:

EDUCAR PARA SALVAR.

Iluminar o coração das crianças para libertar a humanidade de todas as formas de selvageria, de todas as modalidades de violências e crueldades, de todos os gestos de rivalidade e imoralidades.

As gerações futuras não serão diferentes da presente com todos os seus defeitos e prejuízos de ordem moral se não tratarmos da educação da infância.

1

Educar é salvar, é redimir, é libertar, é desenvolver os poderes ocultos em estado embrionário, latente, mergulhados nas profundezas das almas.

A diferença entre um sábio e um ignorante; entre o bom e o mau; o santo e o criminoso; o justo e o ímpio nada mais é que o efeito da educação.

Entre aqueles que edificam e aqueles que destroem, entre os que tiram a vida do seu próximo espalhando por toda parte a desolação e a ruína e aqueles que dão a sua própria vida pelo bem da humanidade, existe apenas uma diferença: EDUCAÇÃO — na sua acepção verdadeira —, que significa o harmonioso desenvolvimento das faculdades espirituais.

Os homens são todos iguais na sua essência. A diferença entre eles não é, portanto, de essência, mas de grau evolutivo determinado pela EDUCAÇÃO.

"Deixai que venham a mim os pequeninos, não os impeçais porque deles é o Reino dos Céus", disse Jesus. (Mc 10:14)

Não impedir, pois, é dar condições, favorecer e motivar para que realmente cheguem a Jesus.

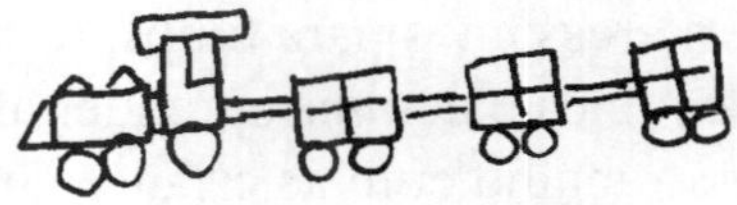

3. FINALIDADE DO CURSO DE PREPARAÇÃO PARA EVANGELIZADORES

A proposta deste livro é coordenar esforços, através da coletânea de informações e instruções psicopedagógico-espíritas de autores renomados e respeitados na doutrina e de cientistas, educadores, pedagogos, autores de obras que direcionam a grandiosa tarefa de educar.

O objetivo principal é oferecer subsídios para um curso regular dinâmico, metódico, além do estudo individual para o preparo consciente e eficaz dos evangelizadores.

3.1 PROFESSOR E EVANGELIZADOR

A finalidade do professor na escola convencional é criar situações favoráveis que despertem a curiosidade e o interesse dos alunos facilitando, assim, a aprendizagem e o seu crescimento.

A finalidade do evangelizador também é a de criar situações que favoreçam o despertar e o interesse dos pequeninos, iluminando-os em direção ao conhecimento do Evangelho e das Leis do Plano Divino, estando ele preparado através de técnicas e conhecimentos básicos de pedagogia, didática e psicologia infantil, além de estar trabalhando pela sua própria Reforma Íntima.

Com este curso visamos preparar evangelizadores para realizarem um trabalho tão importante e sério quanto os demais que desenvolvemos no programa da Aliança (Assistência Espiritual-Passes, Grupo e Intercâmbio Mediúnicos, Plantões e Entrevistas, Expositores, etc.). Para estes trabalhos somos preparados através de cursos regulares e complementares durante a Escola de Aprendizes do Evangelho (EAE).

1

3.2 SEMINÁRIO DE EVANGELIZAÇÃO INFANTIL

No Seminário da Aliança Espírita Evangélica sobre Evangelização Infantil, realizado em 21.9.97 no CEAE/ Genebra - S. Paulo, discutimos sobre a necessidade do preparo dos voluntários para a evangelização através de cursos específicos para os quais deveriam ser convidados todos os alunos que estivessem nas Escolas de Aprendizes do Evangelho ou os que já passaram para o grau de Discípulos.

Concluiu-se que durante o período da Escola de Aprendizes do Evangelho o dirigente deverá oferecer o curso de evangelização em parceria com os já evangelizadores da Casa.

Considerou-se, também, que a melhor época para incluir o curso de evangelização é logo após a implantação do trabalho de Caravanas (Aula 32), pois é o momento em que os aprendizes se encontram frente a frente com as crianças nas visitas às favelas, periferia, creches e nos locais onde realizam as caravanas cujas crianças são extremamente receptivas e necessitadas da orientação dos ensinos de Jesus, e por onde, via de regra, inicia-se um novo núcleo de trabalho, na abertura de uma nova Casa.

O convite para o curso deverá ser extensivo a toda a turma, pois as aulas são muito ilustrativas e interessantes para todos, uma vez que sempre estamos rodeados de crianças (filhos, sobrinhos, netos) e nunca é demais aprender algo sobre educação e psicologia infantil, além de perceberem, alguns, que o trabalho com as crianças não é nenhum “bicho de sete cabeças”.

Dessa forma, mais voluntários estarão preparados para o trato com as crianças e não apenas alguns mais esforçados e abnegados que, sentindo a necessidade e respondendo aos apelos de ajudarem na evangelização, se atiram ao trabalho muitas vezes despreparados e, posteriormente, fogem assustados achando que não levam jeito com crianças.

Os alunos das EAE devem ser convocados para estágios nas turmas de evangelização durante o período do curso de aprendizes, pois, adotando este critério, as casas espíritas estarão tornando conhecido, promovendo e integrando o trabalho da evangelização aos demais trabalhos da Casa, além de oferecerem mais uma oportunidade de trabalho ao aprendiz.

Mas diremos, imperfeitos como somos, como poderemos ser bons evangelizadores, dando exemplo às crianças que verão em nós modelos a serem seguidos?

Mediante esse questionamento muitos já se afastam inseguros.

Sabemos, porém, que o Espiritismo é uma doutrina que nos coloca no dever de sempre caminharmos e, a cada passo dado no rumo do progresso, surge-nos o convite ao trabalho dentro do que já conquistamos.

A FINALIDADE PRINCIPAL DO EVANGELIZADOR PASSA A SER A SUA PRÓPRIA ILUMINAÇÃO.

Não é preciso ser catedrático ou espírita perfeito (se é que existe) para a tarefa de evangelização, mas pede-se o intensivo esforço pela Reforma Íntima com maior autodomínio, disciplina dos sentimentos egoísticos e inferiores, extermínio das paixões, eliminação dos vícios e a gradativa aquisição de conhecimentos. E não é esta a proposta da Escola no programa de Reforma Íntima?

O verdadeiro evangelizador é reconhecido, não pela “sua santidade”, mas pelo esforço, dedicação e pela disciplina que são os alicerces firmes e sólidos da educação.

Se nem todos possuímos as qualidades essenciais para ser um bom evangelizador, podemos adquiri-las, formando atitudes e desenvolvendo habilidades.

Como nas Escolas de Aprendizes, o evangelizador também deve esforçar-se por entender e aplicar a nova postura da educação e das exposições, deixando a criança analisar, sentir e encontrar respostas, compreendendo intimamente o sentido e o significado dos ensinamentos.

O evangelizador não deve levar as respostas prontas e conclusivas nem apontar a moral da história, como no passado, e sim conduzir a criança a reconhecer-se como parte integrante da vida, com direitos e deveres, podendo participar, aprender e evoluir.

3.3 DE JOANNA DE ANGELIS NO LIVRO *LAMPADÁRIO ESPÍRITA*: ANTE A MENSAGEM ESPÍRITA

Discípulo do Cristo, mediante a limpidez da mensagem Espírita, não adies a própria renovação, encastelado nas paredes do convencionalismo ou retido nas algemas das paixões.

Identificação com Jesus Cristo é avanço sobre a masmorra do "eu", utilizando as ferramentas poderosas que se encontram ao alcance da vontade.

Não postergues, desse modo, o momento da autossuperação.

OPORTUNIDADE TRANSFERIDA, TAREFA COMPLICADA!

Examina os resultados do conhecimento Espírita e verifica se entraste pura e simplesmente na Doutrina, ou se a Doutrina encontrou porta de acesso para se estabelecer no teu coração.

Quando se entra na célula Espírita, trava-se contato com o fenômeno mediúnico, com o programa de estudos, com as diretrizes da assistência aos necessitados, com as fichas de compromissos para com a Sociedade, mediante uma taxa módica, com pessoas, com opiniões...

Quando, porém, a mensagem Espírita penetra o coração e se enraíza na mente do discípulo, o panorama é diverso. Possivelmente os companheiros não observam nas fichas de registros quaisquer apontamentos nem anotações. Os painéis mentais, no entanto, e os arraiais da emoção de imediato se transformam, banham-se de sol, e a paz se aninha, vitoriosa, estabelecendo normativas de felicidade.

O discípulo não se agasta com as ofensas nem se melindra com os incidentes comuns, à espera de ação onde se encontra; não se acumplicia com o erro nem se subordina às imposições subalternas; não se entorpece na ideia negativa fixa nem se precipita no entusiasmo apaixonado...

É comedido e sensato, calmo e confiante, pois que possui os inestimáveis recursos para exame e compreensão dos acontecimentos e das injunções no dia-a-dia da experiência carnal.

Se já permitiste que a Doutrina Espírita se domicilie em tua vida, acende a lâmpada do Evangelho no caminho e afirma, a princípio no lar, a tua nova condição por meio do inequívoco atestado de humildade e resignação.

Se possível, clareia o teu domicílio com o estudo da Mensagem Espírita e Cristã, interessando os familiares na busca da verdade e da paz sem jaça.

Sê "homem novo" em todo lugar onde estejas, principalmente quando no trato com servidores humílimos do lar, da oficina de trabalho, da rua, aqueles aos quais mais fácil e impunemente muitos se permitem molestar por impiedade ou desequilíbrio...

1

Ajuda indistintamente com palavras, ações ou no recesso do Espírito, com pensamentos salutares e orações...

Lembra-te dos que te precederam no retorno à erraticidade e dilata os recursos psíquicos para os ajudar nas tarefas da desobsessão e do passe.

Compreenderás, por fim, que o discípulo da Mensagem Espírita, quando chega ao núcleo de tarefas, é somente mais um, na estatística da Casa; quando, porém, a Mensagem Espírita penetra em alguém e o transforma, esse aprendiz se faz um festival de bênçãos, esparzindo as concessões excelentes da vida, em nome da Vida Abundante, em favor da Humanidade toda, que ruma para a Vida Excelsa.

EVANGELIZAR NÃO É DIFÍCIL! É APENAS TRABALHOSO!

3.4 SUGESTÕES DE DINÂMICA PARA O CURSO DE EVANGELIZADORES

Desenvolver com os evangelizadores, no início da aula, a dinâmica abaixo com os seguintes objetivos: relacionamento e conhecimento uns dos outros, desenvolver a capacidade para sintetizar, desenvolver a atenção, a memória, a verbalização dramática e a mímica.

Desenvolvimento: Num pedaço de cartolina (10 x 20 cm), escrever o nome do aluno e do Grupo Integrado ao qual pertence, escrevendo também uma frase abaixo. Colocar os cartazes presos com alfinetes ou fita adesiva, na parte superior das costas dos participantes, que não deverão saber o que está escrito na sua frase.

Colocar uma música e pedir para se movimentarem pela sala caminhando em direção uns dos outros. À medida que caminham, um lê o cartaz do outro e somente através de mímicas tentam explicar o que a frase sugere, durante 10 segundos, enquanto o coordenador abaixa o volume da música.

Volta a música e continuam se movimentando, tentando explicar somente através da mímica o significado das frases de mais alguns companheiros, e assim sucessivamente até que todos tenham tido a sua frase demonstrada pela mímica.

Voltar aos seus lugares e cada um se apresenta e vai tentar (agora falando) dizer o que entendeu da frase escrita no cartaz das suas costas.

Sugestões para as frases: *Eu sou linda! Eu sou baixinha! Eu sou maluco! Eu gosto de orar! Eu gosto de comer! Eu gosto de sorvete! Eu amo ler! Eu sou desorganizado! Estou com preguiça! Olha onde pisas! Estou com febre! Eu gosto de cantar! Estou pensando! Beijinhos, beijinhos, tchau, tchau! Eu quero comer! Eu peço perdão! Telefona para mim! Estou apaixonado! Eu gosto de nadar!...*

"Peço meu Deus, forças para as minhas tarefas; ousadia para olhar de frente o caminho; alegria que me ajude a levar a cabo o que almejo e um infinito prazer em tudo o que veja ou faça." (H. V. Dick)

AULA
2

REFLEXÃO

"Jesus! Muito me esforcei procurando-Te fora de mim, e no entanto,
é dentro de mim que Tu vives."

Santo Agostinho

2

Implantação, Organização e Funcionamento do Trabalho de Evangelização Infantil

A Evangelização Infantil deve constituir uma das principais atividades do programa de um Centro Espírita, que é de suma importância e deve ser desenvolvida paralelamente aos demais trabalhos que normalmente são oferecidos nas casas espíritas como, por exemplo: Escola de Aprendizes do Evangelho, Curso de Médiuns, Assistência Espiritual, Curso Básico de Espiritismo, Mocidade Espírita, etc.

Consideramos que se um Centro Espírita não se interessar em implantar e desenvolver a Evangelização Infantil está deixando de cumprir com um dos seus maiores objetivos:

PREPARAR O HOMEM DE AMANHÃ, ESPÍRITOS EVANGELIZADOS PARA UM MUNDO MELHOR.

Sabemos que cada Casa tem a sua própria realidade e a sua organização diretiva gira em torno de um grupo de pessoas que se esforça para atender e desenvolver as inúmeras atividades colocadas em benefício dos seus frequentadores.

Nada, porém, justifica ou explica a ausência, na Casa, do trabalho de Evangelização, uma vez que as crianças e os jovens são tão necessitados quanto os outros frequentadores.

Para que o trabalho possa desenvolver-se de maneira satisfatória, devem ser reunidas algumas condições mínimas e fundamentais para a sua implantação, organização e funcionamento.

1. FORMAÇÃO DA EQUIPE DE TRABALHO

1.1 COORDENADOR / DIRIGENTE

Deve ser pessoa responsável, dedicada, com maturidade, habilidade de entrosamento, comunicativa, renovadora **e, necessariamente, com experiência de evangelizador.**

Deve esforçar-se e ser capaz de promover um ambiente harmonioso, cheio de alegria e entusiasmo aos demais trabalhadores da equipe.

O papel do coordenador/dirigente é:

a. zelar pela disciplina (não permitindo que os evangelizadores cheguem constantemente atrasados para a preparação inicial dos trabalhos; faltas constantes aos trabalhos; falta de preparo da aula; falta de cuidado com o material didático);

b. coordenar o trabalho dos evangelizadores através de:

- **b.1** orientações,
- **b.2** reuniões (frequência mensal de pelo menos uma hora) para o desenvolvimento e acompanhamento do programa de aulas e atividades, para o reforço do estudo, preparo e aprimoramento dos evangelizadores, divisão das turmas de acordo com as possibilidades e necessidades das crianças.

2

É importante que o coordenador/dirigente seja pessoa de bom e fácil relacionamento com a equipe diretiva da Casa para que possa ter a ajuda e o apoio necessários ao desenvolvimento das atividades da Evangelização Infantil, no que se refere a espaço físico, trabalhadores, recursos financeiros para a elaboração de material didático, agendar as festividades, distribuição de alimentação e roupas, etc.

1.2 SECRETÁRIO (A)

Eleger um dos evangelizadores para ser o secretário ou uma equipe de evangelizadores para desempenhar as tarefas.

Ele deverá cuidar do agendamento das reuniões, presença dos evangelizadores, fichas de cadastro dos voluntários, fichas de cadastro das crianças, arquivo do material didático, livros básicos de evangelização infantil, do espaço da evangelização, preparo do relatório de atividades para a secretaria do Centro (frequência das crianças e voluntários). Além disso, divulgar circulares e comunicações de cursos e reuniões da Casa e do movimento espírita ao qual pertence, receber visitas e estagiários no trabalho, divulgar e promover campanhas obtendo recursos para a manutenção do trabalho, etc.

Observação: Os modelos e sugestões das fichas e relatórios fazem parte dos anexos da Aula 10.

1.3 ELABORADORES DO MATERIAL DIDÁTICO

Formar uma equipe entre os próprios evangelizadores com aqueles que tenham habilidade para desenho e atividades artísticas, para ajudar a preparar e cuidar do material a ser utilizado nas aulas, tais como: papéis, lápis, canetas, borracha, tintas, cartolinas, sucatas, palco de teatro, fantoches, pranchetas, etc., tendo o cuidado de guardar tudo em local apropriado (armário, caixas), facilitando o desenvolvimento das aulas nos seus diversos aspectos.

1.4 EVANGELIZADORES

Recomenda-se que **o evangelizador responsável por uma turma tenha, no mínimo 18 anos,** sendo uma pessoa entusiasta e dedicada à tarefa, espírito aberto ao progresso e à renovação. Importante que esteja cursando o terceiro ano da Mocidade Espírita ou a partir do grau de servidor da Escola de Aprendizes do Evangelho. Fundamental que tenha participado do Curso de Preparação para Evangelizadores.

Como auxiliares e assistentes podemos contar com jovens que estejam iniciando na Mocidade, devidamente orientados pelo evangelizador responsável pela turma.

Ao assumir este compromisso, o evangelizador deve estar compenetrado da alta missão a desempenhar, que lhe exige conduta condizente com a mesma, tendo grande disposição de ânimo e perfeita compreensão da tarefa a realizar.

2

O ideal para o desenvolvimento de um trabalho de qualidade é manter em cada turma, no mínimo, dois evangelizadores, para uma eventual falta de um deles, para ajudar a promover a ordem e a disciplina, dividir as atividades da aula (preparação, motivação, história, fixação, música e jogos), bem como ajudar no treinamento dos mais novos até que possam assumir uma turma.

2. REUNIÕES

É importante que os evangelizadores se reúnam uma vez por mês (por exemplo, ao final das aulas das crianças) durante uma hora no mínimo. Os primeiros quinze minutos deverão ser reservados para o exercício de Vida Plena[3] ou à leitura e comentários sobre o Evangelho. Logo após, tratar dos assuntos sobre o trabalho e as crianças.

Da mesma forma que na escola fundamental os professores tratam do planejamento, programas, dificuldades e interesses relativos à aprendizagem dos seus alunos, na evangelização infantil a necessidade das reuniões mensais se faz importantíssima para podermos atender também aos interesses espirituais das crianças de maneira mais segura e harmoniosa.

Achar que por fazermos um trabalho voluntário e de boa vontade já basta e dispensa qualquer aperfeiçoamento, que o planejamento é desnecessário ou, no mínimo, dispensável e que estamos preparados o suficiente, é muita pretensão e falta de humildade.

Fazer das reuniões um encontro produtivo e interessante só depende de nós.

O calendário das reuniões será divulgado no início do ano (dez reuniões). A presença será "obrigatória" a 50 % delas, para que possamos estar realmente integrados e participantes do trabalho.

3. TURMAS

A separação das idades não é rígida, é preciso levar em conta o fator idade mental (amadurecimento) das crianças e a capacidade de adquirir conhecimentos.

De qualquer forma é preciso respeitar a realidade de cada Casa, porém consideramos que o número mínimo de turmas para um bom aproveitamento, não visando apenas quantidade, mas qualidade, será o seguinte:

Ciclo	**Idade**
Maternal	0 a 3 anos
Jardim	4 a 6 anos
Primário	7 a 9 anos
Intermediário	10 a 11 anos
Escola de Pais	

---

[3] Vida Plena = exercício onde o grupo tece comentários sobre comportamentos defensivos (Ver o livro *Tornar-se Pessoa*, cap. 7, Carl R. Rogers, Editora Martins Fontes e *Vivência do Espiritismo Religioso*, Edgard Armond, Editora Aliança). (Nota da Editora)

2

Nos casos de crianças com deficiências mental ou física, deverão ser avaliadas as possibilidades do evangelizador atender e manter a criança na sala, providenciando os meios para recebê-la, sem o prejuízo dos demais e, evidentemente, pensando no aproveitamento da criança com deficiência. É fundamental que haja mais de um evangelizador na sala, para o atendimento da criança com deficiência.

Estando a criança na sala, explicar aos demais que a criança colega possui necessidades diferentes, porém, com os mesmos direitos que todos.

As crianças, normalmente, não se incomodam e aceitam rapidamente a "diferença". É o evangelizador que precisa trabalhar seus preconceitos, tendo claro que o trabalho de evangelizar é desenvolver os bons sentimentos do Espírito.

4. DIA E HORÁRIO

O dia e horário escolhidos devem ser os mais favoráveis ao comparecimento das crianças, ou seja, os dias e horários que não coincidam com as atividades escolares, em que estejam disponíveis ao aprendizado (em condições físicas e emocionais). Para isso é possível verificar junto aos frequentadores e voluntários da Casa. Não se pode agradar a todos — veja mensagem de Divaldo na 1ª aula.

O período de aulas deverá iniciar-se com o ano letivo (primeira semana de fevereiro), encerrando-se na semana anterior ao Natal.

Evitar dar férias em julho. O coordenador/dirigente poderá preparar junto aos evangelizadores um programa de atividades recreativas em conjunto com as turmas, com a participação dos pais, fazendo rodízio dos evangelizadores que necessitem ausentar-se de férias.

5. ESPAÇO E DEPENDÊNCIAS

Procurar um dia em que se possa utilizar todas as salas do Centro somente para o trabalho de Evangelização, pois a falta de espaço prejudica a eficiência do trabalho.

Quando não se têm salas suficientes poderão ser adotados, temporariamente, horários diferentes para as turmas.

Por exemplo: Das 9 às 10h, atendemos o Maternal, o Jardim e a Escola de Pais. Após a saída desse grupo, das 10h15 às 11h15, atendemos o Primário e o Intermediário.

Toda vez que precisar dividir um salão, colocar juntas as turmas com as crianças maiores, pois os pequenos se movimentam mais e as aulas são mais "barulhentas".

Nos Centros que atendem um elevado número de crianças a preferência da sala será sempre dos maiores, uma vez que a presença deles deverá ser imediatamente aproveitada antes que se afastem, pois que já perderam anos de estudo e, sendo assim, precisamos aproveitar ao máximo o tempo que ficarão conosco para mostrar-lhes o Evangelho.

Havendo absoluta falta de espaço, nunca sacrificar as aulas de Evangelização para ficar somente nos passes, porque os passes podem ser coletivos (todas as crianças reunidas numa única sala) ou à distância — veja orientações no livro: *Passes e Radiações*, Edgard Armond, Editora Aliança — e os passistas poderão reunir-se até mesmo num quintal ou numa pequena sala.

As aulas, para terem um bom aproveitamento, deverão obedecer a um mínimo de critério na divisão das idades, para que haja interesse e aprendizagem na matéria a ser apresentada.

6. HOMOGENEIDADE DA TURMA

Os programas A, B e C são aplicáveis durante um período de três anos; assim, pode-se ficar com as mesmas crianças, no mesmo ciclo, aplicando um programa por ano, sem repetir as histórias e as atividades para fixação. Ou seja, as crianças de um ciclo, embora tenham quatro, cinco e seis anos, ficam na mesma turma chamada Jardim e passam pelos três programas enquanto frequentarem o Centro. As de sete, oito e nove anos ficam na turma do Primário. As de dez e onze anos ficam na turma do Intermediário.

Os temas podem parecer repetitivos para as crianças que ficam na evangelização vários anos. O que deverá ficar bem entendido é que os temas se repetem, mas com histórias, atividades e a maneira de apresentá-los diferentes a cada ano. Pois segundo um dos princípios da aprendizagem, a repetição, na educação "é um dos métodos" mais utilizados.

Quando a diferença de compreensão for muito gritante entre as crianças, mesmo dentro do ciclo, precisamos rever a divisão, para não cairmos na desmotivação ou na indisciplina.

Muitas crianças, apesar de terem a idade cronologicamente adequada ao ciclo, são ainda imaturas. Nestes casos o seu rendimento e aprendizagem poderão ser maiores se colocadas nas turmas anteriores à sua idade.

De qualquer forma, será sempre preferível "promover" a criança para outra turma do que "rebaixá-la", por isso o cuidado ao fazer a divisão por idade. Quando recebermos uma criança nova, conversar sobre a série que frequenta, o que faz, o que gosta, etc. É preferível deixar a criança algumas semanas na turma anterior para que o evangelizador perceba o seu amadurecimento e a transfira, se for o caso.

7. CUIDADOS COM O TRABALHO DE EVANGELIZAÇÃO INFANTIL

a) Não considerar outro tipo de trabalho como Evangelização Infantil

Um peixinho fora d'água

Sou tão pequeno ainda e já vivo algumas situações que não entendo bem, mas gostaria que fossem diferentes.

Os adultos, estes sabidos, não conseguem enxergar-me com as minhas necessidades.

Toda segunda-feira, à noite, sou levado por meus pais, a um Centro Espírita, onde eles frequentam.

2

Sempre quando chegamos, eles somem lá para dentro e ficam numa sala muito escura. Eu fico em outro lugar, com algumas outras crianças, cada uma de um tamanho diferente e uma moça que toma conta da gente.

Para passar o tempo, brinco, desenho, algumas vezes ela conta uma historinha, mas tenho que ficar muito quietinho, sem fazer barulho nenhum, para não atrapalhar o trabalho dos adultos.

Não me sinto à vontade e sempre fico assustado com aquele silêncio e escuro todo. Depois me levam para uma sala, também meio escura, e sendo de noite, sinto um pouco de medo. Tudo é muito sério e quieto. Aí me dão o que eles chamam de passe e, finalmente, vou embora para casa.

Quando durmo, sonho com aquele lugar, aquela mesma casa. Mas me parece tão diferente que não tenho vontade de acordar. Vejo tudo claro, é dia! Ouço músicas alegres, e entendo tudo, escuto histórias que me fazem pensar, participo de brincadeiras, as pessoas sorriem mais, são mais felizes, tudo é alegria!

Tomo passe, aquele mesmo passe, só que o lugar é claro, as pessoas me parecem conhecidas, me recebem como se tudo fosse preparado para mim.

Vejo muita luz por todo lado, e engraçado, até o cheiro é diferente.

Vejo meus pais que vão para uma aula, lá mesmo, junto com os pais dos meus colegas.

Não sei bem o que é, mas sei que aprendem coisas para me entenderem melhor e me ajudam a colocar em prática aquilo que aprendo nas histórias. Sinto-me tão bem, tão feliz. Parece um sonho. Epa! Mas é um sonho.

Que pena, amanhã é segunda-feira de novo e a realidade é diferente. Fecho os olhos novamente para ver se o sonho continua. Será que existe lugar como aquele do meu sonho?

Contribuição de: Rosana Mendes e Rosana Morgillo
Fraternidade Espírita Nosso Lar, Belo Horizonte

b) Não formar turmas de evangelização em separado para filhos de voluntários do Centro

Com receio de que haja convivência com as chamadas "crianças-problema", geralmente de comunidades carentes e periferia.

Observação:

Jesus fazia distinção de pessoas quando ensinava?

Haveria a elaboração de um programa distinto de aulas e dos ensinamentos do Evangelho?

Os "nossos filhos" seriam avisados do por que da separação?

Qual o critério que se deveria adotar para a separação? Seria pela aparência física, roupas, linguagem, atitudes hostis?

Muitas vezes as aparências enganam e nossos filhos talvez convivam com crianças aparentemente certinhas, mas com hábitos, vícios e formação moral problemáticos. E quando caírem no mundo? Quem na vida lhes separará o joio do trigo?

SALVEM SEUS FILHOS DO PRECONCEITO E DA DISCRIMINAÇÃO, ENQUANTO AINDA É TEMPO.

c) **Não aceitar na direção da Evangelização Infantil**

Aqueles que não são evangelizadores, ou que não fizeram o curso de preparação afirmando não precisar dele.

d) **Não deixar que o tempo escolha**

Muitos evangelizadores e dirigentes não levam os filhos para a Evangelização porque acreditam no tempo e na escolha de cada um, achando que é assunto para decidirem quando crescerem.

e) **Não fazer proselitismo**

Diversas religiões e ideologias políticas cuidam das crianças para formar seguidores e assim perpetuar seus pontos de vista e suas crenças; mas o Espiritismo cuida delas por solidariedade humana, espírito de fraternidade cristã, visando não seus próprios interesses que, na realidade não existem, mas sim, a redenção da humanidade nos termos amorosos prometidos pelo Divino Mestre, quando disse:

"NENHUMA OVELHA SE PERDERÁ DO REBANHO QUE ME FOI CONFIADO PELO PAI. QUEM CRER EM MIM SERÁ SALVO E TERÁ A VIDA ETERNA."

"O navio é seguro quando está no porto.
Mas não é para ficar no porto que se fazem navios.
Não fazer é tão arriscado quanto fazer."
Grace Hopper

AULA 3

REFLEXÃO

"Se você não puder ser um jardim, seja uma pequena flor, mas seja a flor mais colorida e perfumada. Não é pelo tamanho da obra que terá êxito ou fracasso. Mas seja o melhor no que quer que você seja!"

3

O Evangelizador

1. REQUISITOS DO EVANGELIZADOR

O professor é o arquiteto de um povo; é um dos maiores obreiros do progresso social; é o guia avisado da criança; é o despertador de energias; o criador de situações favoráveis ao crescimento espiritual do aluno.

Quando o educador volta derrotado, o coração do mundo cessa de bater; apagam-se as lâmpadas da Vida, treme em seu trono a Verdade, inquieta-se a Justiça. Ah! Pobre da nossa cega humanidade se perder em sua senda o guia que a orienta!

Se no magistério, ao professor são dedicadas as magníficas qualidades acima referidas, como qualificar o Evangelizador, que abre na alma da criança, caminhos de pureza e horizontes iluminados em direção ao Cristo, preparando-a na sua infinita elevação ao Pai Criador?

Ser evangelizador não é dar aulas de evangelização. Evangelizar é vivenciar. Vivenciar é conviver, é criar ambiente evangelizador, despertando as qualidades superiores que a criança já possui dentro de si.

É fazer desabrochar também em si esta vivência e levar as crianças a sentirem o que sente. Evangelizar não é, portanto, apenas "dar aulas" teóricas e frias. Não é colocar matéria de fora para dentro, mas auxiliar o que está dentro de cada criança a vir para fora.

O evangelizador não é a figura central que comunica verbalmente seus conhecimentos, tornando-se apenas um fornecedor de informações. Antes de tudo, deverá compreender cada criança e conseguir sua participação nas atividades e experiências, tornando A CRIANÇA o ponto central de todo processo educativo.

Consideramos tarefa difícil, ou quase impossível, analisar a capacidade interior e o potencial de amor e dedicação que existe em cada um. Cumpre-nos, porém, ressaltar a necessidade de alguns predicados básicos à tarefa que assumimos, enquanto evangelizadores, em razão da sua complexidade de aspectos e das consequências que acarretarão no desenvolvimento moral e emocional das crianças, que estarão sob sua responsabilidade.

Por razões e méritos do trabalho o evangelizador necessita desenvolver os requisitos abaixo relacionados:

1.1 VOCAÇÃO

Ato de chamar, talento, tendência, disposição, predestinação, escolha.

Como podemos observar pela definição de vocação, é preciso que a estrutura psíquica do evangelizador possua determinados traços que o caracterizem apto ao trabalho com as crianças.

É preciso ter o temperamento adequado para o trato com os pequenos.

Esses elementos psíquicos necessários devem ser espontâneos.

Se no coração você abriga a generosidade, se nutre o desejo de dar-se, de se abrir como a flor e dar fruto como a árvore, então pode considerar-se com um coração de evangelizador.

3

Mas, como estar amadurecido para dar? Como fazer para ter nos lábios a palavra boa, capaz de guiar com sabedoria o inocente voo das almas desejosas de luz?

A criança capta com sublime acuidade tudo aquilo que o adulto não gostaria que captasse. Sabe mais sobre nós do que nós a seu respeito, porque percebe tudo quanto a rodeia pela mão invisível da pureza.

Será que já se nasce evangelizador, como se nasce músico ou poeta?

Não é o título que outorga o Dom, mas uma certa mística do coração em se oferecer às crianças.

1.2 AMOR AO PRÓXIMO

A vivência deste mandamento: *Ama teu próximo como a ti mesmo*, garantirá maior sucesso como evangelizador. Com esta condição, na verdade, em qualquer trabalho, obteremos sucesso.

Lembremos o que Paulo nos ensina sobre a caridade:

Ainda que eu falasse as línguas dos homens e dos anjos, e não tivesse caridade, seria como o metal que soa ou como o sino que tine.

E ainda que tivesse o dom de profecias, e conhecesse todos os mistérios e toda a ciência, e ainda que tivesse toda a fé, de maneira tal que transportasse os montes, e não tivesse caridade, nada seria.

E ainda que distribuísse toda a minha fortuna para sustento dos pobres, e ainda que entregasse o meu corpo para ser queimado, e não tivesse caridade, nada disso me aproveitaria.

A caridade é paciente, é benigna; a caridade não é invejosa; a caridade não trata com leviandade, não se ensoberbece. Não se porta com indecência, não busca os seus interesses, não se irrita, não suspeita mal; não folga com a injustiça, mas folga com a verdade; tudo sofre, tudo crê, tudo espera, tudo suporta.

(I Coríntios, 13:1-7)

Temos assim a imorredoura lição deixada pelo inspirado apóstolo.

Sabemos que a caridade é o amor operante, é o amor em ação.

A condição prévia para qualquer trabalho é nos perguntarmos:

— Em meus passos, o que faria Jesus?

O que fez de Pestalozzi (o professor de Kardec) um dos maiores educadores da humanidade, não foram suas obras e nem sua filosofia, nem sua ciência, mas sua capacidade de esquecer-se de tudo para consagrar-se à educação de 70 órfãos, junto dos quais vivia dia e noite, como professor, bedel, empregado e servente.

1.3 TATO PEDAGÓGICO

É a capacidade de aproximar-se e afastar-se das crianças, conforme a oportunidade, fazendo valer a liberdade e o limite.

Ter o domínio da turma, sabendo alternar elogios e repreensões.

As críticas devem ser colocadas de maneira indireta e nunca direcionadas à criança.

Estudar e aprender os modernos métodos pedagógicos e as leis em que se apoia a didática, mas não deixar que o raciocínio encubra o seu discernimento.

Levar o amor, viver com ele fazendo parte do caráter. Eis aí a chave de ouro com a qual se abrirá a porta do milagre de saber educar.

Para ser evangelizador é preciso também ter alma de herói.

É preciso hastear valentemente a bandeira da luz, ainda que sejam fortes os ventos das sombras, é preciso fazê-la resplandecer mesmo num mundo que, a cada instante, parece disposto a sucumbir ao peso do chicote da ignorância.

1.4 FIDELIDADE À MENSAGEM ESPÍRITA

O evangelizador deve ser fiel à sua conduta na moral espírita, esforçando-se para exemplificar o que ensina. Seus ensinamentos deverão estar orientados e pautados sob a luz da Doutrina Espírita.

Soa ainda, nos ares, como algo que nos parece muito recente em o *Sermão do Monte*:

— *Bem-Aventurados os mansos porque herdarão a Terra.* — Contrapondo-se a todo tipo de violência e agressividade que invadem as cidades e demandam os campos, denunciando um momento apocalíptico, embora transitório, chocando-se os valores que se invertem na hierarquia moral a ponto de os homens desatentos não distinguirem o certo do errado, o justo do injusto, o bem do mal.

Continua o Mestre a erguer sua voz, doce e firme, suave e melódica, incisiva e direta, ensinando as mais nobres lições que continuam atualíssimas e irretorquíveis dentro do contexto do pensamento humano.

Todavia, o mundo da agressividade, da violência, teima em sobrepor-se às palavras do Cristo, num autêntico desafio da sombra contra a luz.

As guerras fratricidas contestam a recomendação de *Amai-vos uns aos outros*. O homem moderno não reconhece que, além da vida física, outras moradas o aguardam como estímulo à luta interna pela renovação espiritual.

Por compreender o Mestre as nossas deficiências em aprender a sua mensagem, prometeu-nos para mais tarde, o Consolador que teria a missão, não só de relembrar os seus ensinos, mas também de aclarar muitas de suas lições sob o véu de alegorias.

Aparece, pois, na segunda metade do século XIX, o Espiritismo, esse mesmo Consolador prometido por Jesus, que viria, de fato, esclarecer muitos pontos que jaziam incompreendidos.

Cientistas e filósofos, homens de cultura, a mais variada, examinaram a tese espírita e com ela concordaram.

Sua lógica e coerência, tendo à frente a figura singular de Allan Kardec, chamaram a atenção dos sábios da época, como tem acontecido sempre, desde o seu aparecimento.

Hoje o Espiritismo se difunde, atingindo todas as camadas da sociedade.

Esclareça-se que a Doutrina Espírita nunca foi elitista, não obstante, no seu início, ter o apoio da classe culta, que não lhe poupou admiração e respeito.

3

No Brasil, sua divulgação está produzindo resultados admiráveis, com tendência a se ampliarem.

Dentro das atividades que o Espiritismo desenvolve, avulta a evangelização da criança e do jovem, por sua abrangência em todo o território e pela metodologia aplicada que garante a unidade de princípios e objetivos.

A Evangelização Infantil é hoje uma realidade, graças aos esforços desenvolvidos pelos movimentos espíritas e pelo trabalho e dedicação dos evangelizadores.

Este trabalho obedece à programação prévia na qual estão muito bem evidenciados os conteúdos doutrinário-evangélicos, os objetivos, bem como a metodologia.

Os resultados, não tem dúvida, somente a longo prazo se farão sentir. Formar uma nova mentalidade demanda paciência, tempo e perseverança.

São expressivos os resultados para quem sabe esperar o concurso do tempo, no campo da evangelização.

Há, porém, companheiros apressados que esperam resultados imediatos, tentando, equivocadamente, novos processos que se afastam da finalidade do trabalho.

Desejam a substituição de programas e conteúdos, pretendendo a introdução de novidades que não correspondem aos objetivos do Espiritismo.

Não pautam pela fidelidade aos princípios doutrinários. Ao contrário, sacrificam essa fidelidade em favor de outras correntes filosóficas ou métodos, no afã de inovar.

Precisamos examinar, com cautela, essas tendências, uma vez que nada deve afastar-nos da fidelidade aos postulados da Codificação.

A Doutrina Espírita não precisa buscar apoio noutras correntes de pensamento pois ela é autossuficiente, dinâmica e progressista, ela acrescentará as novas conquistas do conhecimento ao seu patrimônio, na sua caminhada evolutiva, mas seus alicerces continuarão irremovíveis.

São os princípios fundamentais do Espiritismo que precisam ser divulgados com maior empenho.

Não é o mundo que deve entrar para o Espiritismo, e sim o Espiritismo ir para o mundo.

Não se pode conceber, pois, a fuga de programas que foram elaborados para atender as bases sólidas de conceitos evangélicos, respeitando a fidelidade doutrinária para o auto aperfeiçoamento dos indivíduos.

1.5 PACIÊNCIA, CAPACIDADE DE COMPREENDER E FORMAR O CARÁTER

Para tornar-se evangelizador é preciso ser antes um investigador de almas.

Ter a sensibilidade para perceber o motivo de certas atitudes da criança e influir decisivamente no aprimoramento moral dela.

Para que isso possa acontecer, o evangelizador precisa ser um bom observador, ter força de vontade, autoridade moral, bom senso e sensibilidade.

3

NÃO VER JAMAIS A CRIANÇA COMO ALGO VAZIO QUE SE DEVE PREENCHER, E SIM COMO UM GIGANTE ADORMECIDO, A QUEM DEVEMOS APENAS DESPERTAR.

O evangelizador que somente descobre defeitos, vê as aparências, não vê, porém, a alma.

A criança vem de lares diferentes e aquela que demonstra maior dificuldade em aprender determinado ensinamento, ou norma de conduta, não há de ser vista como rebelde, mas como um ser que viveu afastado do caminho do reto conhecimento.

Agora a criança começa a vislumbrar este caminho, mas não o reconhece como fazem as demais. Por isso é que a principal arma do evangelizador deve ser a paciência.

Depois de semear, deve-se esperar pela flor, o tempo necessário, e compreender que, se de alguma maneira o botãozinho se ergueu, seu desabrochar será inevitável, como ao dia segue a noite.

Cada ser tem seu próprio tempo de amadurecimento.

Bem apropriada é a lembrança da

"Prece da Serenidade
Dai-nos forças Senhor, para aceitar com serenidade tudo o que não possa ser mudado.
Dai-nos coragem para mudar o que pode e deve ser mudado.
E, dai-nos sabedoria para distinguir uma coisa da outra."

1.6 PEDAGOGIA DO AMOR

Educar é amar. O evangelizador deve ter autoridade sobre as crianças, sem ser um algoz. A autoridade deve vir do seu profundo amor e da certeza inabalável de estar agindo para o bem, para a justiça e pela verdade.

Nunca a autoridade deverá vir pela força, nem violência, nem austeridade, da "cara fechada" ou dos desgastantes pedidos de silêncio.

Antes de preparar a aula, prepare o coração, porque, para ensinar, não é suficiente o que se sabe, mas sim o que se é, e o evangelizador deve ser humilde, piedoso e cheio de amor, lembrando sempre da figura de Francisco de Assis.

Deve nascer antes a compreensão, o sorriso, ser pródigo no amor, mas nunca na inflexibilidade da razão. Equivocar-se por dar, nunca por reter.

Quando o amor que nutre pelas crianças vem acompanhado da autoridade moral e do conhecimento, o que o evangelizador obtém de volta não é apenas respeito, mas também veneração.

Uma das grandes conquistas do evangelizador é ser amado e não temido.

Esta capacidade de amar foi o fundamento do sistema educativo de Dom Bosco, grande educador. Como humilde padre de uma aldeia italiana conseguiu conquistar e transformar centenas de pequenos vagabundos e delinquentes em jovens capazes e respeitados. Fez isso sem material adequado e em prédios improvisados.

3

1.7 ACOLHIMENTO E SIMPATIA

Saber ser amoroso e simpático aos evangelizandos, para que se sintam amados por quem os conduz e orienta, pois, um evangelizador acabrunhado e apático não conquista ninguém.

Mesmo que não tenha uma vida venturosa, o evangelizador não poderá engolfar-se na sua tristeza e estar carrancudo diante das crianças.

Ter problemas na vida não justifica ter uma vida triste.

Conter sempre a tirania dos nervos, não permitindo que problemas pessoais entrem em sala.

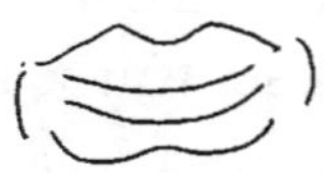

1.8 OTIMISMO E ENTUSIASMO

O que é entusiasmo?

Entusiasmo: Palavra de origem grega, que significa ter deuses dentro de si.

Qual a diferença entre otimismo e entusiasmo?

OTIMISMO = ACREDITAR QUE TUDO VAI DAR CERTO!
ENTUSIASMO = TRANSFORMAR EM REALIDADE!

Quais as consequências de se agir entusiasticamente?

- ***Estimula e contagia positivamente o grupo para um objetivo.***
- ***Favorece o crescimento e a mudança.***
- ***Leva à busca de novas experiências e oportunidades.***

Sugestões para se agir entusiasticamente:

a) Passar do choro à ação.

b) Parar de se lamentar. Evitar dizer: Não vai dar certo... é impossível ... mas...

c) Administrar bem o seu tempo:

"Cada pessoa tem apenas que cumprir com seu dever para arrumar o mundo."

Sir W. Churchil

TEMPO	COMPORTAMENTO	EMOÇÃO
Passado	Arrependimento do que não fiz/Saudade dos bons tempos.	Depressão
Futuro	Expectativa/Sofrimento por antecipação.	Ansiedade

d) Concentrar-se no momento presente!
e) Aprender com as experiências passadas e construir hoje o seu amanhã.
f) Distinguir o essencial do não essencial.
g) Planejar, estabelecendo prioridades e prazos.
h) Desenvolver a autodisciplina.
i) Arriscar e vencer o medo!
j) Tentar, começar, caminhar, ir além, não desistir nunca...
Por exemplo: Thomas Edison : 999 tentativas para criar a lâmpada elétrica.
k) Tomar iniciativa.
l) Decidir, fazer, errar... De vez em quando acertar!
m) Aprender com os insucessos.
n) Avaliar as causas e consequências, então... Recomeçar.
o) Cultivar a boa saúde física e mental:
- **Sinal de má saúde física: dor.**
- **Sinal de má saúde mental: difícil constatação.**

p) Desenvolver uma visão criativa.
q) Mudar a forma de encarar os problemas:
- **Sair da rotina. Fazer diferente.**
- **Ser mais flexível e tolerante.**

O evangelizador não deve se prender a dificuldades. Ouvir e reconhecer os problemas das crianças incentivando-as à vitória pela perseverança e paciência. O evangelizador entusiasta emana sempre bom ânimo e incentiva a todos.

Vejamos esta mensagem: CRISE.

A crise é a melhor bênção que pode acontecer a pessoas e países; porque a CRISE traz PROGRESSO.

A criatividade nasce da angústia, como a calmaria vem do ventre da tempestade escura.

É na CRISE que surge a invenção, as descobertas e as estratégias de marketing.

Quem supera a CRISE, supera a si mesmo, sem ficar superado.

E quem pendura no gancho da CRISE seus fracassos e lamúrias, violenta o seu próprio talento e tem mais respeito a problemas que a soluções.

A CRISE é uma farsa, a não ser a CRISE da incompetência, pois o problema de pessoas e países é da preguiça e do descaso para se encontrar as saídas. Sem CRISE não há desafios.

3

Sem desafios, a vida é rotina que nos chama ao túmulo.

Sem CRISE ninguém tem méritos.

É na CRISE que você mostra que é bom, pois sem CRISE, todo vento é carícia.

Falar da CRISE é promovê-la.

E calar na CRISE é exaltar o conformismo improdutivo.

O que se deve fazer é trabalhar intensamente, desinflacionando a CRISE de si mesmo, e acabando de uma vez com a única CRISE verdadeiramente ameaçadora, que é a tragédia de não querer lutar para superá-la.

CRISE SEM O S = CRIE

1.9 APARÊNCIA PESSOAL

Vestir-se com simplicidade, sem exageros, primando pela limpeza. Evitar joias, bijuterias ou "enfeites" exagerados que chamem a atenção ou distraiam as crianças.

A vestimenta deve ser condizente com o ambiente da Casa Espírita, respeitando o aspecto místico de "templo".

No verão (ou nos locais de temperaturas elevadas) não se vestir como quem está indo para um clube, piscina ou praia.

1.10 RESERVA E DIGNIDADE

Saber compreender "defeitos" ou más tendências (vícios, desvios de comportamento, atitudes inadequadas, etc.) das crianças, respeitando-as, não desprezando ou diminuindo-as perante os outros.

Apagar do vocabulário a expressão "criança má".

Escutar sempre as razões das crianças.

Toda conversa e corrigenda deverão ser reservadas, pois só dizem respeito ao próprio interessado.

1.11 IMPARCIALIDADE

Esforçar-se para impedir que as afinidades ou parentescos com determinadas crianças interfiram nas questões de justiça e na aplicação das regras no ambiente da sala. Ser imparcial com todos. Estar alerta para não tomar partido nas questões exteriores e polêmicas trazidas ao Centro desavisadamente e pela nossa invigilância.

Por exemplo: partidos políticos, esportes, preferências musicais, julgamentos de situações mundanas e corriqueiras que nos envolvem no dia-a-dia.

Nunca perder de vista o ensinamento evangélico: Orai e Vigiai.

3

1.12 SINCERIDADE

Ser sincero nas relações com as crianças, colegas, pais das crianças. Com a sinceridade cria-se um ambiente positivo e de confiança em que todos percebem que também podem ser sinceros e espontâneos, sem melindres.

Uma vez mais os ensinamentos evangélicos:

— *Seja o seu falar: Sim, Sim; Não, Não.*

1.13 IDEALISMO

Sabemos que o trabalho é laborioso e que não se tem resultados imediatos, mas somente o evangelizador idealista não esmorece no seu ideal de evangelizar.

O educador, assim como o evangelizador, carrega sobre seus ombros a maior responsabilidade do gênero humano.

Certo é que o médico salva vidas, o político aperfeiçoa o Estado, o diplomata trabalha pela paz entre os povos. Porém, quem, senão o educador, inculcou-lhes o amor que agora demonstram diante do leito do enfermo, para com o Estado carente, para com o povo temeroso?

Por trás de cada homem o educador/evangelizador acendeu a tocha da ideia verdadeira.

Seu corpo envelheceu, mas no fundo de seus olhos está o menino a quem ensinou-se a piedade, a honra e a paz.

1.14 DIDÁTICA E MANEJO DA CLASSE

Muitas pessoas possuem profunda cultura intelectual e conhecimento da Doutrina Espírita, porém, não sabem transmitir esses conhecimentos, faltando-lhes "aquele jeito" de lidar com as crianças, no manejo da classe.

São necessários o conhecimento e o desenvolvimento das técnicas de disciplina, motivação, preparo de aula, material didático, etc., que estudaremos durante o curso.

As crianças têm ânsia de saber, mas além disso é preciso saber despertar nelas o sentir, a formação do seu caráter para que aprendam a controlar seus impulsos. Devem aprender a leitura de si mesmas e na didática do evangelizador está o ensiná-las a conhecer-se para chegar a ser.

Orientá-las a olhar o mundo e a notar-lhe os erros, para que desde a infância aprendam que devem construí-lo. Importante é fazê-las artífices do futuro e não a pedra passiva que se amolda ao trabalho dos outros.

Transmitir-lhes noções para que desenvolvam na sua consciência a sua missão como Homem, apesar de sua idade, nunca esquecendo que se está diante de uma alma milenar, que pouco a pouco, deverá crescer e caminhar rumo ao seu destino.

Nas mãos do evangelizador repousa o esplendor do brilho dos Espíritos infantis, dependendo da sua iluminação ou não, pois somos encarregados de nelas despertar a responsabilidade de Servir.

3

1.15 CLAREZA DE OBJETIVOS

O conhecimento é o primeiro passo que leva ao desabrochar das virtudes.

Preocupados em tornar a mensagem evangélico-doutrinária interessante e acessível às crianças e aos jovens, muitos evangelizadores lançam mão de recursos completamente inadequados aos objetivos da evangelização.

O ensino do Espiritismo em si é assunto sério pela sua própria natureza, visto que lança sementes que modificarão o indivíduo e, em consequência, a sociedade. Não pode, a qualquer título, ser tratado com leviandade.

Utilizar recursos didáticos para o seu ensino não condizentes com a seriedade de que se reveste é, fora de dúvida, trocar o principal pelo secundário, ou ainda, valorizar mais a metodologia do que a mensagem espírita.

O conhecimento profundo e verdadeiro dos postulados doutrinários e da seriedade do trabalho não permitirá a inclusão de recursos divertidos copiados e adaptados de programas de televisão, nos quais predominam a vulgaridade, a irreverência e a malícia. Tampouco **substituir** a evangelização pelo trabalho, ocupando o horário destinado ao aprendizado doutrinário com atividades de artesanato, atividades recreativas (teatrais e musicais), valendo-se para o ensino da moral evangélica de oportunidades ocasionais.

Incontestavelmente, tais atividades paralelas são de grande valor na educação das crianças e dos jovens, por despertar-lhes o amor ao trabalho e propiciar-lhes desenvolvimento psicomotor e emocional, mas não podem substituir o ensino evangélico, sob pena de cometer-se lamentável equívoco em relação às necessidades reais do Espírito reencarnado, que, via de regra, só mantém contato com os ensinamentos cristãos na infância, durante as aulas da Evangelização Infantil.

As caravanas de evangelização das Escolas de Aprendizes têm por objetivo principal levar o Evangelho aos lares, apesar da carência e da falta de recursos materiais por que passam aqueles nossos irmãos. Colocamos em primeiro lugar o Evangelho, depois eventualmente, o auxílio material. Da mesma forma, nas aulas de evangelização infantil, o ensino do Evangelho não deve ser apenas ocasional.

Há que se destinar um horário preestabelecido para o desenvolvimento de um programa de estudos que obedeça a uma sequência lógica de informações doutrinárias e evangélicas, ministrado adequadamente com o conhecimento do conteúdo temático destinado às diversas faixas etárias em que estão divididas as crianças em turma.

As demais atividades, que classificamos de complementares, são as oportunidades de pôr em prática as informações adquiridas pelo ensino moral, e não podem substituir os conteúdos doutrinários, com o sacrifício da regularidade e da sequência dos estudos.

Os objetivos não podem ser confundidos com os meios, nem a estes se subordinar.

A ideia de modernidade apregoada por muitos, e trazida para algumas áreas do trabalho espírita, precisa ser bem analisada.

Ninguém negará, por certo, a existência de novos enfoques nem do alargamento da visão humana e do seu consequente amadurecimento intelectual, mas isso não significa que reneguemos os fundamentos da Doutrina e do Evangelho, sólidos em seus alicerces, e sobre os quais tem-se erigido o progresso moral da humanidade.

As aulas de evangelização deverão sempre se pautar, em primeiro plano, pelo ensino dos princípios básicos do Evangelho de Jesus, que ainda hoje, passados 20 séculos, é um "Ilustre Desconhecido".

3

Lembramos as palavras de Gandhi quando recebeu um exemplar do Evangelho e, depois da leitura, disse:

"Como pode uma árvore como esta dar os frutos que deu?"

Precisamos reverter este quadro e, para que isso aconteça, os enunciados do Mestre e dos seus Discípulos deverão estar presentes em todas as aulas. Aliás, bem apropriado seria espalhar cartazes com frases e citações de Jesus pelas salas, como "outdoor", pois sabemos o quanto influenciam e marcam as mentes.

Semanalmente, durante alguns minutos, dediquemo-nos à reflexão mais profunda, em conjunto com as crianças, sobre as passagens do Evangelho, pois se assim não for, as aulas podem ser boas e agradáveis e trazer um público maior e mais interessado, mas não serão aulas de evangelização.

Bem apropriado o comentário de uma evangelizadora quando disse que, pelo seu extraordinário valor, a Evangelização Infantil assemelha-se a uma gota de perfume que, por si só, espalha o seu aroma contagiante. O que nos leva a concluir que pelo alto poder místico, elevado e verdadeiro podemos confiar que, mesmo espalhando apenas algumas gotas semanais dos ensinamentos evangélicos, elas penetrarão e contagiarão a muitos, não sendo necessário nos preocuparmos em derramar o frasco todo.

Foi Gandhi, também, quem disse:

"O AMOR DE UM SÓ HOMEM NEUTRALIZA O ÓDIO DE MILHARES."

Para que o evangelizador possa estar seguro e confiante criando o impacto da atenção e interesse de sua turma, se faz necessário conhecimento profundo do tema a ser desenvolvido, além do conhecimento dos assuntos do cotidiano das crianças (Exemplos: filmes, revistas, livros, álbuns, programa de TV, novelas, músicas) para propiciar a participação e a discussão de tais assuntos sob a ótica da moral evangélica nas mais variadas formas.

1.16 PROMOVER A DISCIPLINA

A disciplina é a forma mais eficiente e apropriada de se alcançar um objetivo em todos os aspectos.

A busca da organização culmina com o sucesso em todas as atividades, principalmente no tocante ao aprendizado. Senão vejamos:

a) Em primeiro lugar vigiar a autodisciplina.

b) A disciplina aliada à perseverança conduz, gradativamente, a resultados seguros e positivos.

c) Dar o exemplo, antes de exigir.

d) Evitar demonstrações de impaciência, ansiedade e nervosismo.

e) Saber impor limites, com carinho e firmeza.

f) Respeitar horários (início e encerramento).

g) Não ressaltar os comportamentos inadequados, destacando e elogiando quando a mesma criança vivenciar um comportamento desejável.

h) Manter serenidade e imparcialidade.

i) Sala cheia e assembleia silenciosa não significa aprendizado.

j) É preciso saber se houve assimilação de alguma mensagem de teor evangélico-doutrinário.

k) Evitar improviso, estar sempre seguro e preparado no que vai transmitir. Aula bem preparada não dá espaço para indisciplina, pois o evangelizador domina o assunto e gera interesse e atenção.

1.17 CAPACIDADE DE DESPERTAR A ATENÇÃO E O INTERESSE

Interesse é o sentimento de atração em direção a um objetivo ou fato.

Atenção é o estado de concentração de energia sobre um fato ou um objeto, tornando-o destacado entre os demais.

A atenção é o interesse em ação.

O evangelizador deve:

a) Estimular a curiosidade natural das crianças.

b) Valorizar o esforço individual, através do elogio.

c) Esclarecer as dúvidas sempre.

d) Respeitar o período de concentração de cada idade.

e) Ter sensibilidade e capacidade para reconquistar a atenção dispersa por imprevistos.

f) Dinamizar o aprendizado com atividades recreativas.

A fim de despertar o interesse e a atenção a evangelização não deve nunca concorrer com as motivações exteriores que apenas visam informações e conhecimentos temporários, mesmo à custa de nos chamarem de utópicos, que as nossas histórias enfraquecem a personalidade e dizendo que estamos fora da realidade e, na verdade estamos — fora da realidade negativa, cruel, violenta, material, imediatista e interesseira de hoje.

Ocorre que algumas crianças não gostam, não estão interessadas, não querem participar da Evangelização Infantil.

Acontece nas aulas de evangelização o mesmo que nas Escolas de Aprendizes do Evangelho, as aulas mexem com o seu interior, solicitam a sua Reforma Íntima, a sua transformação, e como a criança percebe rapidamente e é muito espontânea, ela recusa, foge, não quer frequentar, nega-se a participar, cai na indisciplina, põe para fora exatamente aquilo que estamos tentando combater.

Por isso as aulas devem ser bem preparadas, motivadoras, interessantes e alegres para que a mensagem possa ser ouvida e aceita pelas crianças.

Elas deverão perceber que o Evangelho não faz exceções, que ele é alegria, é um caminho maravilhoso o qual podemos percorrer sem sacrifícios.

A evasão é grande na Evangelização Infantil como é na Escola de Aprendizes do Evangelho. E só não é maior porque os pais levam os filhos para os passes, e também porque as crianças ainda não têm escolha.

1.18 EXEMPLIFICAR O QUE ENSINA

O evangelizador deve primar pela observação e prática dos fundamentos evangélico-espíritas por ele mesmo transmitidos. Do contrário estará apenas ensinando:

"Faça o que eu falo, mas não faça o que eu faço."

Estar atento ao ensinamento: O BEM é BEM mesmo que poucos pratiquem. O MAL é MAL, mesmo que muitos pratiquem.

Entre o bem e o mal, o justo e o injusto, o certo e o errado não deve haver neutralidade.

1.19 IMPORTANTE LEMBRAR QUE...

As crianças são Espíritos que novamente descem às arenas já conhecidas para a continuação da luta espiritual.

Nascem diariamente milhares de crianças e a população do mundo cresce às centenas de milhões por ano.

As crianças / jovens de hoje são Espíritos muito inteligentes ou muito violentos — ou ainda os dois casos.

Uma inteligência, via de regra, cruel, usada em diversas encarnações, quase sempre em causa própria. Estão vindo para esta encarnação como derradeira oportunidade para acompanhar a passagem deste ciclo evolutivo e se preparar para o crescimento espiritual e a renovação interior, a fim de saírem vencedores no selecionamento cíclico e para estarem engajados na civilização renovada do terceiro milênio.

Os que estão vindo agora são Espíritos destinados ao desenlace planetário deste fim de período; Espíritos violentos, sobretudo os de mentalidade envenenada pelo fascismo e outras ideologias absorventes e totalitárias.

São os "bandos de gafanhotos" de que fala alegoricamente João, no Apocalipse. Por onde passam deixam marcas de destruição (picham, quebram, arrancam, rabiscam, etc.), não é esta a paisagem com a qual nos deparamos em nossas cidades?

São exemplos disso as gangues de jovens que espalham o terror e o crime, e outros casos de violências e destruição semelhantes às praticadas em tempo de guerras e conquistas do passado.

Por outro lado, nascem também os Espíritos que foram sacrificados nas últimas guerras e que anseiam por um mundo melhor; como ainda Espíritos tarefeiros e missionários que devem servir de orientadores e condutores da massa humana desorientada e sofredora, sobre a qual vão se abater as mais terríveis provações.

3

Daí avulta o trabalho enorme e a incrível responsabilidade que pesa sobre os ombros dos pais, educadores e evangelizadores.

Os primeiros, oferecendo condições favoráveis de desenvolvimento e orientações na primeira infância, desbastando as arestas psíquicas, oferecendo cuidados especiais em relação a tendências, deficiências e recalques.

Os educadores e evangelizadores, já no período mais adiantado do crescimento, formando-lhes as mentes e inoculando-lhes princípios sãos e retos de vida moral evangelizada.

Caso não lhes dermos essa orientação evangélica desde o berço, com amorável paciência e persistência esses irmãos nossos, destinados a tarefas e provações tão terríveis, se desorientarão e se perderão, ante a violência das provas por que terão de passar.

Portanto, ao lidar e trabalhar com estas crianças (Espíritos), estando com elas apenas uma vez por semana, num curto espaço de tempo, não devemos esperar aceitação e reforma imediatas.

Evangelizá-las exige muito preparo e disposição. Elas esperam muito dos pais e dos evangelizadores no sentido do seu despertamento para obterem segurança na prática do bem. Estamos lidando com Espíritos eternos e com experiências milenares no campo da violência (Espíritos com experiências na liderança, guerreiros, saqueadores, interesseiros, sensuais e violentos) e que receberam esta oportunidade depois de muito sofrimento no plano espiritual, após muitas promessas de modificação de seus comportamentos.

A missão do evangelizador é, dessa forma, ensinar o bem, o amor, o perdão, a caridade, o respeito, a verdade e o arrependimento, para a maioria desses Espíritos que desconhecem tais virtudes.

Contar, falar, mostrar que uma realidade melhor é possível, apesar de tudo, apesar do mundo atual aplaudir ainda os hábitos a que estavam acostumados no passado.

"O evangelizador que possuir, desenvolver e aprimorar os requisitos citados será um semeador incondicional do Evangelho de Jesus, trazendo as crianças e os jovens sob sua responsabilidade ao banquete espiritual toda semana e desenvolvendo-lhes, pouco a pouco, o interesse pela prática do bem e o hábito de ouvir e serem ouvidas. Se conseguir colocar todo o seu esforço, amor e disciplina nas aulas, não deverá sentir-se triste ou frustrado por achar que o seu trabalho não está dando resultado. Além do que, não lhe compete esperar retorno, pois a Deus pertence o tempo e a colheita. O seu papel é apenas o de semear."

2. ATITUDES QUE O EVANGELIZADOR DEVE EVITAR

No combate constante da nossa inferioridade no processo de Reforma Íntima, esforcemo-nos para evitar as situações a seguir, quando no trabalho com as crianças.

3

2.1 EVITAR FALAR BAIXO DEMAIS OU AOS GRITOS

Modular a voz como se ela fosse um instrumento.

Evitar falar baixo demais, entre os dentes ou aos gritos. O grito pertence ao animal que existe em nós. Gritar para atemorizar fará com que apenas a parte animal das crianças obedeça, mas nunca se conseguirá ter acesso a seus Espíritos. Ficarão com medo, mas não com respeito. É possível que não cometam faltas, mas será uma pseudodisciplina.

O timbre e o volume da voz, e a velocidade da palavra devem ser moderados, mostrando na voz a doçura e a firmeza.

É preferível que o tom de voz seja alto e forte, que monótono e baixo.

O adulto pode ouvir o silêncio, a criança não.

O sistema nervoso do adulto está a serviço da razão; o da criança está a serviço quase exclusivo de sua sensibilidade.

2.2 EVITAR LER A AULA

Essa atitude quebra qualquer interesse que possa ter o grupo, dando-lhe apenas sono e provocando indiferença, além de demonstrar que a aula não foi convenientemente preparada.

No decorrer da aula a leitura permitida é a de alguma mensagem que perderia o seu colorido, sua estrutura poética, ao ser transmitida, a não ser que fosse decorada.

Podemos ler, também, livros de histórias infanto-juvenis cujo conteúdo atenda ao tema proposto pela aula. Devem ser livros ilustrados com trechos curtos.

No início da aula explicar que o assunto a ser tratado está na leitura de um livro. Mostrar a capa para as crianças, dizer o título, os nomes do autor e do ilustrador. Este tipo de aula visa motivar e despertar o interesse pela leitura.

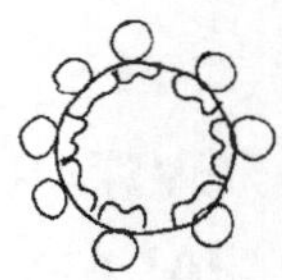

2.3 EVITAR PERMANECER SENTADO OU EM PÉ, SEMPRE NO MESMO LUGAR

Enquanto fala, o evangelizador deve andar entre as crianças, principalmente nas salas dos menores, olhando para todos, com boa gesticulação.

Deve sentar-se entre as crianças de forma passageira, nunca atrás de uma mesa, quando for desenvolver atividades que necessitem de auxílio, como: colagem, recortes, etc.

Sentar-se em círculo favorece a socialização, desde que as crianças não sejam numerosas e que o evangelizador tenha o manejo da turma e o controle da disciplina.

3

2.4 EVITAR ADAPTAR-SE AO MEIO E À ÉPOCA CAINDO NA ROTINA

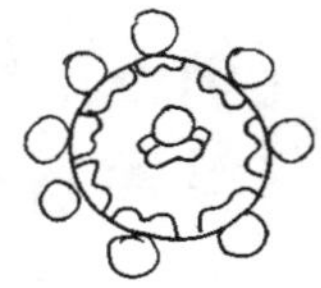

A atitude de evangelizar nunca deverá ser passiva, procurando sempre levar inovação e renovação ao "modus vivendi" das crianças, ou seja, sua linguagem, costumes e hábitos, de tal forma que exerça positivamente sobre o ambiente a sua influência educativa e que não seja sufocado pelo meio, ganhando-lhe os vícios, como: falar gírias, vestimentas, gestos, atitudes, etc.

2.5 EVITAR DESORDEM EM SALA

A qualquer sinal de desinteresse (conversas paralelas, fora de hora, demasiada agitação, crianças que se levantam a toda hora) é importante observar que algo precisa ser modificado, por exemplo: o método, a motivação, o ritmo da história, a atividade, além de considerar, honestamente, se a aula foi realmente planejada.

Quando a aula causa interesse, o problema da desordem deixa de existir.

Criança interessada, aprendizagem realizada.

Nas turmas mais numerosas a desordem pode ocorrer com maior frequência, por isso a necessidade de mais de um evangelizador. Ter sempre um recurso extra (música, jogo, brincadeira de que elas gostem) para interromper a aula, usando deste recurso, e só após restabelecida a ordem e o interesse, retomar o assunto.

As crianças devem ser avisadas de que terão por alguns instantes a atividade para depois dar sequência à aula.

O que conta sempre é a autoridade e o envolvimento do evangelizador com as crianças. Ele deve sentir-se seguro do que está fazendo para transmitir a elas o senso de ordem e disciplina, sem o exagero do autoritarismo ou do medo.

2.6 EVITAR CRIANÇAS QUE FALAM AO MESMO TEMPO

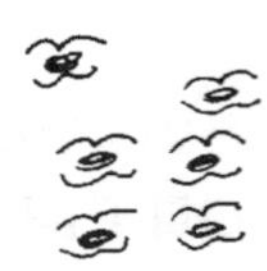

Adotar a técnica de atender imediatamente à criança que levantar a mão, dando-lhe atenção, a fim de que aprendam que quando quiserem ser ouvidas, basta levantar o braço, dando chance aos demais companheiros, cada qual na sua vez.

Devemos ensiná-las a esperar. Afinal, temos de aprender pela vida a falarmos um de cada vez, e a ouvirmos os outros. Isso gera segurança e harmonia no grupo.

2.7 EVITAR LINGUAGEM INADEQUADA

A linguagem deve ser clara e simples, correta e esclarecedora.

Usar sempre palavras novas, sinônimos para o enriquecimento do vocabulário da criança, explicando os termos quando seja necessário.

2.8 EVITAR MAU HUMOR E CARA FEIA

Não combinam com as crianças e nem com o evangelizador.

Problemas pessoais devem ser deixados fora da sala, a turma deve ser contaminada apenas com alegria.

2.9 EVITAR INTERROGATÓRIO INADEQUADO E MAL DIRIGIDO

As perguntas devem ser feitas de acordo com o nível mental da turma. Toda pergunta ou comentário dirigidos às crianças devem despertar o raciocínio, sempre com um tempo para a reflexão antes das respostas para que não digam qualquer coisa, sem pensar antes.

Lembremos que quando Jesus contava uma história, parábola, ou fazia uma citação, aguardava um pouco para que os ouvintes tivessem tempo de assimilar e refletir para depois responderem.

Evitar perguntar:

— Gostaram da história?

Corremos o risco de ouvir:

— Não!

A pergunta deverá ser do tipo:

— Qual a parte que vocês mais gostaram da história?

— O que vocês entenderam da mensagem?

— Vocês já tinham ouvido alguma história parecida? Em qual parte?

Perguntas isoladas levam ao raciocínio parcial, a comparações e lembranças de suas próprias experiências, tais como: nomes, lugares, situações, atitudes dos personagens, etc.

Não nos esqueçamos que a riqueza e a profundidade dos ensinos de *O Livro dos Espíritos* não estão somente nas respostas dos Espíritos, mas também na excelência das perguntas feitas por Kardec.

3

SÓ É UM BOM EVANGELIZADOR

Aquele que vê nas crianças a sua própria família.
Aquele que ensina, não por dever, mas por prazer.
Aquele que não exige, repentinamente, a transformação de uma criança.
Aquele que procura aproximar-se dos pais e responsáveis.
Aquele que analisa, com atenção, o problema de cada criança.
Aquele que sabe impor, com energia e amor, usando na hora certa um sorriso ou um olhar significativo, que vale mais que as palavras.

Aquele que prepara com carinho e antecedência a aula.
Aquele que procura tornar suas aulas atrativas e objetivas.
Aquele que sente a importância da pontualidade e da disciplina.
Aquele que não falta ao cumprimento do dever,
e quando falta, avisa com antecedência o coordenador.
Aquele que se esforça por se atualizar sempre a fim de dar aos evangelizandos melhores conhecimentos.

Aquele que sempre troca ideias com os outros evangelizadores.
Aquele que lembra ser olhado como modelo pelas crianças, portanto, apresenta-se com simplicidade, humildade, sem afetação no traje ou na linguagem.
Aquele que trata a todos com igualdade, sem distinção de raça, cor, sexo ou posição social.
Aquele que transmite e ensina às crianças o amor à vida, à natureza e às pessoas.
Aquele que, sem ferir, procura sanar superstições de ideologias perniciosas.
Aquele que, exemplificando, mostra às crianças a importância da fé racional, do amor a Deus, à família e à Pátria.

Aquele que não mente ou faz promessas impossíveis às crianças.
Aquele que realmente AMA.

AULA

4

REFLEXÃO

"A única fonte de felicidade está dentro de você, e deve ser repartida.
Repartir suas alegrias é como espalhar perfumes sobre os outros,
sempre algumas gotas acabam caindo sobre você mesmo."

4

Noções de Psicologia Educacional

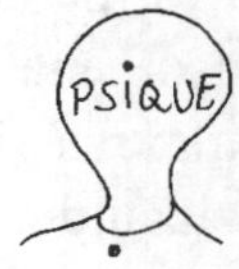

1. PSICOLOGIA

É a ciência do comportamento. É o estudo da personalidade humana através da análise e compreensão do comportamento dos seres vivos.

A Psicologia é uma ciência relativamente nova. Surgiu no século XIX e seu significado etimológico origina-se do grego: *Psyché* = alma; *Logos* = ciência ou conhecimento, portanto a **Ciência da Alma.**

Interessa-nos nesta tarefa, apenas a Psicologia Educacional, pois trata dos processos psicológicos relativos à educação.

1.1 PSICOLOGIA EDUCACIONAL

É apenas um, dentre os muitos ramos da Psicologia; lida com aplicações de princípios, técnicas e outros recursos psicológicos à educação, auxiliando o professor a enfrentar e solucionar problemas quando procura dirigir o desenvolvimento da criança para objetivos superiores.

1.2 INTERESSES DA PSICOLOGIA EDUCACIONAL

a) **A criança** — Seu desenvolvimento psicofísico e emocional, suas necessidades e suas peculiaridades individuais.

b) **A situação da aprendizagem** — No contexto da turma e na medida em que esta influencia a aprendizagem.

c) **Os processos e métodos** — Direcionando a aprendizagem para que ela seja eficiente.

A Psicologia Educacional e as ciências afins se entrelaçam, diante da tarefa de dar aos educadores tudo o que poderá auxiliá-los na compreensão e no tratamento das crianças, dentro e fora da sala de aula, com maior conhecimento dos seus princípios, norteando o trato com as crianças para a sua autorrealização.

1.3 LEIS E PRINCÍPIOS DA APRENDIZAGEM

É tal a importância da aprendizagem que os psicólogos chegaram a conclusões que permitem o estabelecimento de leis e princípios. A observação dessas leis dá melhor rendimento à aprendizagem.

a) **Lei do Discernimento** — Especialmente na aprendizagem voluntária é indispensável a compreensão da situação nova. Só compreendendo sua significação, a pessoa poderá aplicar a nova forma de conduta em situação idêntica ou semelhante. Diante de uma situação nova, eu penso, analiso e, por fim, descubro relações (discernimento). O evangelizador deve usar palavras simples, saber expor com clareza as lições, de acordo com a capacidade dos evangelizandos, para que eles possam aprender o verdadeiro significado da lição ensinada.

b) **Lei da Ação** — Aprender fazendo — praticando a criança aprende melhor, mas é preciso fazer aquilo de que ela gosta (música, desenho, pintura, experiências, sem forçar sua preferência).

c) **Lei do Efeito** — A atividade do educando surge quando a aprendizagem lhe causa prazer. Somos levados a repetir o que nos agrada e a repelir o que nos desagrada (há exceções — as grandes dores não se esquecem).

O evangelizador deve aproveitar ao máximo a lei do efeito no seu aspecto positivo, criando situações agradáveis à criança, para que o Evangelho passe a ter um efeito positivo.

A habilidade consiste, às vezes, em relacionar as lições a serem dadas com as disposições naturais da criança, de modo que ela compreenda o significado e o objetivo desejado, mostrando-se satisfeita com a aprendizagem. É dessa forma que as lições tendem a fixar-se.

d) **Lei da Intensidade** — A lição transmitida com energia, vigor, entusiasmo é melhor compreendida que a lição passiva, monótona, sonífera. Por isso, o evangelizador deve esquecer seus problemas na hora da aula, mostrando-se alegre, entusiasta, procurando variar o tom da voz, expressar-se sem titubear, fazer perguntas, a fim de interessar os evangelizandos na aula — o entusiasmo é contagiante.

e) **Lei do Exercício** — Sabemos que a aprendizagem, além do estímulo exterior que provoca uma resposta pelo indivíduo convenientemente preparado, só se instala quando a reação certa se repete e fixa. Por isso, é interessante o exercício, para fixar certas noções mais difíceis. É preciso, porém, muita cautela por parte do educador para que não se faça memorização sem compreensão. A simples decoração de princípios evangélicos, sem entendê-los, de nada vale. Não nos interessa a "educação de geladeira", no dizer de McMurrey. Memória e entendimento devem caminhar juntos. A memorização dos assuntos será tanto mais fácil quanto mais houver: vivacidade, intensidade das impressões, afetividade, lembrança (grava-se melhor o que nos agrada), interesse por parte do evangelizando, repetição, laços associativos (ao dar as lições devemos colocar em jogo o maior número de sentidos da criança para que as impressões se associem e sejam melhor gravadas).

f) **Princípio da Facilidade ou Boa Vontade** — Está relacionado com a maturidade da criança. Ela aprenderá com facilidade, alegria e boa vontade se o ensino estiver de acordo com seu desenvolvimento.

O evangelizador dosará com critério as lições e as dificuldades das perguntas feitas em sala, para que a criança saiba respondê-las. Isso dará satisfação à criança, por sentir-se preparada para responder a novos estímulos que receba.

g) **Princípio de Globalização** — Quando se conta história à turma, as crianças aprendem-na como um todo, globalmente. Assim se faz toda a espécie de aprendizagem, que, inicialmente é global e, posteriormente, por esforço analítico, se decompõe em suas partes constituintes. Não há necessidade de minúcias e sim de transmitir o conteúdo principal da lição.

4

1.4 A PSICOLOGIA EDUCACIONAL ESTUDA OS FENÔMENOS:

- da Motivação
- da Percepção
- da Atenção em seus elementos: Curiosidade — Interesse
- da Memória
- que visam diretamente a aprendizagem associados intimamente com a psicologia evolutiva (estado das diversas fases do crescimento) e com a Psicoterapia Infantojuvenil.

1.5 APRENDIZAGEM E ENSINO

A aprendizagem pressupõe atividade mental que, nos primeiros anos de vida, está diretamente ligada à atividade física.

Ensinar quer dizer guiar, orientar, dirigir o processo de aprendizagem espontânea e fazer manifestar as atividades naturais da criança.

É erro pensar que a aprendizagem pode efetuar-se sem guia, sem direção.

Não podemos tolher a iniciativa do evangelizando, mas são necessários alguns requisitos para que ocorra a aprendizagem:

a) **Haver um elemento estimulante**, capaz de provocar uma resposta do organismo da criança; precisamos conhecer a criança — seus motivos, capacidade de percepção.

b) **Verificar uma situação complexa** a cujos estímulos o indivíduo possa responder. Ele só poderá responder se estiver preparado para isso, ou seja, se tiver maturação suficiente — intelectual e física. Ninguém vai ensinar leitura à criança de dois anos, nem fazer conferência sobre moral para uma criança de Jardim.

c) **É preciso que as respostas bem-sucedidas se repitam**, até se tornarem habituais. Não basta obter uma só vez a resposta certa ao estímulo oferecido; é preciso fixar o resultado conseguido. Essa fixação pode ser obtida pelo desenho, música, pintura, mas principalmente, pelo exercício do conhecimento adquirido.

Na evangelização, aplicar as noções de moral cristã para atingirmos nosso objetivo = renovação do comportamento e dos sentimentos.

1.6 TIPOS DE APRENDIZAGEM – COMO SE APRENDE?

Há dois tipos de aprendizagem: Involuntária e Voluntária.

a) **Aprendizagem Involuntária**

É a que se realiza sem que a pessoa, consciente ou intencionalmente aspire a ela. Dá-se quando o indivíduo está exposto a estímulos repetidos frequentemente, desde que a pessoa tenha suscetibilidade para tais impressões.

É o caso da criança que aprende a falar. Aí encontramos os dois elementos necessários à aprendizagem involuntária:

- Um estímulo externo, que se repete constantemente (palavra ouvida — os surdos não aprendem a falar porque não ouvem).
- Suscetibilidade interior da criança, que está biologicamente preparada para receber esta espécie de aprendizagem, que varia muito, dependendo da idade, sexo, temperamento. A aprendizagem involuntária deve ser muito considerada nas crianças de Jardim e Primário que não sabem e não têm real intenção de se evangelizar.

b) **Aprendizagem Voluntária**

Depende das seguintes condições:

- **Vontade de aprender** — O indivíduo, visando o objetivo de sua preferência, quer aprender.
- **Interesse** — Estes objetivos estão ligados aos interesses de cada um, daí a preferência apresentada pelas pessoas por esta ou aquela espécie de aprendizagem.
- **Inteligência** — Sendo a aprendizagem um processo que exige atividade, não basta a memória, simples armazenamento de conhecimentos, mas também capacidade de entender, ou discernimento, que exige a inteligência.

Aprendizagem é, portanto, a aquisição de conhecimentos e habilidades que podem interferir em nosso modo de pensar, agir e sentir.

Adquirir ou acumular conhecimentos não constitui aprendizagem.

Aprender significa aumentar a capacidade de solucionar os problemas diante do mundo. É dirigir a mente com segurança, buscando as soluções mais adequadas a cada situação.

Para o Espírito imortal sabemos que a aprendizagem tem início antes do nascimento, e se prolonga além da morte.

A aprendizagem é ininterrupta.

Ensinar, pois, é dirigir o processo da aprendizagem, tornando possível a manifestação das capacidades latentes do educando.

1.7 APRENDIZAGEM E SEUS PRODUTOS

Apesar de não existirem separadamente, classificamos aqui as categorias de aprendizagem e seus produtos:

a) **Motora:** (Hábitos e Ações) Destreza e habilidade manual, expressões fisionômicas, habilidades verbais e gráficas, posturas, gestos, etc.

b) **Ideativa:** (Informações) Conhecimentos, fatos, preceitos, conceitos, reflexões, ideias e pensamentos.

c) **Afetiva:** (Sentimentos e Emoções) Aprendizagem emocional. Gostos, aversões, preferências e críticas.

DISTINGUIR O BEM DO MAL É DIFERENTE DE AMAR O BEM E DESPREZAR O MAL. NO PRIMEIRO CASO A APRENDIZAGEM É INTELECTUAL. NO SEGUNDO É AFETIVA.

Na Evangelização Infantil o objetivo é a canalização das tendências afetivas e emocionais da criança, para o conhecimento do bem e suas práticas, através de um processo contínuo que implica mudança de comportamento de um indivíduo para a vivência dos ensinamentos de Jesus.

1.8 FATORES QUE CONDICIONAM A APRENDIZAGEM

a) **Estímulo psicossomático**: Capacidade de solicitar uma resposta do organismo da criança conhecendo a sua capacidade perceptiva.
b) **Prontidão**: É a soma de características intrapessoais (maturidade), experiências anteriores e nível de motivação.
c) **Fixação**: Por exercício do conhecimento adquirido e renovação do comportamento.

Toda aprendizagem que causa prazer ao educando é bem recebida. Criar situações agradáveis às crianças é uma necessidade do evangelizador, para que as aulas causem bem-estar e enlevo espiritual.

Para que isto aconteça o evangelizador deve estar bem preparado, utilizando-se dos recursos disponíveis à altura da capacidade receptiva da criança de forma que ela entenda, assimile e corresponda aos objetivos desejados.

A criança aprende com alegria e boa vontade, se o assunto em pauta estiver à sua altura.

Todo conhecimento novo deve ser transmitido de acordo com a maturidade da criança, pois não podemos tratar de assuntos acima da sua compreensão.

Assimilando os ensinamentos dados, a criança sentir-se-á satisfeita por estar apta a fornecer respostas certas.

O exercício e a vivência fixam a aprendizagem. O papel do evangelizador deve ser o de estimular a criança à prática das lições, convidando-a a uma participação direta e intensa dos princípios evangélicos, pois somente a teoria não muda comportamento.

A prática modifica as atitudes, levando a criança à reflexão para a avaliação dos resultados.

Entusiasmo e energia nas aulas trazem dinamismo, ação e interesse por parte das crianças.

O conjunto de atividades motivadoras, acrescido da capacidade receptiva da criança, traduzem-se em atitudes positivas.

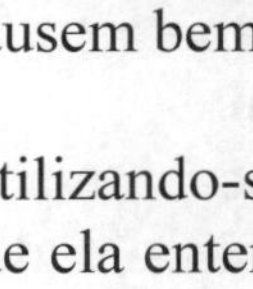

1.9 FORMAS DA APRENDIZAGEM

a) Por condicionamento clássico ou simples associação (reflexo condicionado).
b) Por condicionamento instrumental e ensaio e erro (resposta e recompensa).
c) Por estimulação (livre ou dirigida) dos potenciais inatos e sentidos de comunicação (construtivismo).

4

1.10 TIPOS DE APRENDIZAGEM QUE INTERESSAM DIRETAMENTE NO TRABALHO DA EVANGELIZAÇÃO

a) **Aprendizagem por imitação**

A imitação é um produto da aprendizagem, e é também um meio de facilitar outras aprendizagens.

A criança aprende a falar, a agir em função dos colegas e do grupo ao qual pertence, havendo uniformidade de uma maneira geral. Se agir de forma diversa poderá ser excluída. A imitação é um método mais inclusivo por estar focado na observação do comportamento dos outros membros do grupo.

A imitação é seletiva. Alguém que quer atingir um lugar de destaque na sociedade vai imitar o modo de vestir-se, falar e agir de pessoas que são destaques. Os adolescentes copiam o modo de falar, andar, vestir-se dos seus ídolos.

Há na imitação benefícios e perigos, ela não é um fim em si mesma, e nem uma tendência para copiar cegamente a ação dos outros; é um modo mais eficiente de obter segurança, aceitação social e prestígio.

Diante disso, percebemos que é grande a tarefa do evangelizador em provocar situações valorosas, sãs, produtivas, que levem a criança a imitar, procurando desde cedo integrar-se a um grupo com bons objetivos, passando a imitar atitudes sadias e alicerçando-se na prática do bem.

Ao buscar imitações pessoais, o adolescente formado em ambiente cristão procurará a imitação de personalidades que tenham valores morais.

Por causa deste tipo de aprendizagem o cuidado do evangelizador com sua postura, atitudes e exemplos é extremamente importante, porque a criança vai buscar modelo para a imitação.

b) **Aprendizagem por discernimento**

Situa-se acima da imitação por ser mais complexa, abstrata e imbuída do próprio sentido.

Quando o educando, diante de uma situação que lhe exige novo ajustamento, é capaz de analisá-la, de compreender as exigências do problema e de fazer levantamento de conhecimentos e habilidades necessários àquele objetivo, de modo a permitir a resposta adequada, é sinal que houve discernimento.

O discernimento exige organização, dote intelectual, maturidade e experiência.

Ao narrarmos uma história com fundo moral a ser fixado, a criança utiliza-se de todos os recursos de análise possíveis, a fim de tirar conclusões próprias, situa-se diante do problema ocorrido com o personagem principal, destacando as partes ou fatos de mais valor.

É importante que a criança aprenda a elaboração do processo de discernimento, através do selecionamento gradativo das situações até atingir a melhor solução, possibilitando a transferência da aprendizagem a outro tipo de situação.

c) **Aprendizagem por raciocínio**

Guiado pela razão, o homem é considerado um "animal racional". O raciocínio para existir depende da percepção da aprendizagem, da memória e da evocação apoiando-se em todas elas para atuar.

O raciocínio é sempre intencional, motivado por um impulso ou tendência. Diante de uma situação a tendência da criança é resolver o problema evocando a solução ideal. O raciocínio tem lugar quando o indivíduo está insatisfeito com a situação presente.

A análise da situação é a etapa mais característica do raciocínio, pois é a fase em que a criança tenta, através do condicionamento clássico de ensaio e erro, discernimento e raciocínio lógico, formular o problema, para resolvê-lo posteriormente.

A criança que desde cedo é orientada para resolver fatos do cotidiano, com bom senso, ponderação, equilíbrio, respeito ao próximo, perdão, adquire segurança e autoconfiança, sentimentos imprescindíveis para uma vida feliz no futuro.

Para que isso ocorra a ajuda dos pais e evangelizadores não deve consistir em apresentar problemas resolvidos para a criança, mas sim encaminhar seu raciocínio em ordem crescente, para o correto, orientando-a para que se ajude, sendo sempre encorajada a fazer perguntas e apresentar soluções aos "porquês".

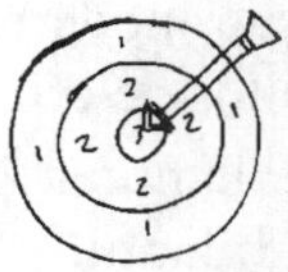

1.11 A REPETIÇÃO NA APRENDIZAGEM

Diz o ditado que "A prática leva à perfeição", com isso percebemos que aprendemos pela repetição.

Com a repetição a tendência é fixar um ensinamento dando lugar à sua prática, por exemplo: CARIDADE.

— *Fora da caridade não há salvação.*

Na Evangelização este é um tema a ser fixado e repetido largamente, destacando o tema nos mais diversos assuntos e assim a criança alicerçará no próprio Espírito a lógica da necessidade de praticar a caridade.

Em educação repetir um ensinamento nunca é demais.

Acostumada a ouvir sobre a prática da caridade, a necessidade de fazer o bem aos outros, a criança, vendo-se diante de uma situação de agressividade, terá maiores condições de controlar-se, pois no seu subconsciente o ensinamento estará fixado e provavelmente houve aprendizagem.

1.12 RECOMPENSA E CASTIGO! SIM OU NÃO NA EVANGELIZAÇÃO?

A "lei do efeito" relaciona-se ao efeito da recompensa e do castigo sobre o comportamento. Toda criança ciente da recompensa a ser ganha ao final da aprendizagem, se interessará mais em aprender a fim de obtê-la para si. A recompensa é um estímulo. Porém, assim como a recompensa constrói, sendo praticada ininterruptamente, tende a destruir, porque a criança condicionará a sua aprendizagem à existência de recompensa.

Normalmente a recompensa deve ocorrer sem o prévio conhecimento da criança, sempre de surpresa. Liderar e receber encargos e responsabilidade também constitui recompensa.

Diferenciar a recompensa, prêmios, sorteios ou campanhas premiadas que são instituídas e fazem parte de alguns módulos dos programas das aulas, incluídos no decorrer das aulas de evangelização.

Muito cuidado com as frequentes e constantes promessas de castigos e recompensas que fazemos para ganhar a atenção ou o bom comportamento da criança.

4

O castigo, assim como a recompensa, é construtivo quando empregado com bom senso.

Usados comumente e quase sempre sobre o mesmo indivíduo, tendem a destruir.

A criança que geralmente apresenta comportamento inadequado, carrega problemas, dores e dificuldades e deve receber atenção à parte. Será contraproducente fixarmos seus defeitos, fracassos e desatenções perante a turma.

O evangelizador precisa ser portador de uma dose maior de amor, paciência e compreensão para lidar com esta criança, do contrário, sentindo-se diminuída ou não aceita, ela possivelmente se afastará, perdendo assim a grande oportunidade de realizar a sua transformação através do Evangelho de Jesus.

Sendo necessário fazer uso de reprimendas e castigos o evangelizador deverá usar de bom senso e caridade sempre, deixando claro para a criança que ele continua a gostar dela e a aceitá-la, mas não gosta e nem pode aceitar as suas atitudes.

A educação moderna revela que recompensas e castigos são admitidos em alguns casos, para disciplinar hábitos de crianças que, por um motivo ou outro, apresentam desvios de comportamento.

Devemos lembrar, porém, que estes não são os métodos mais apropriados para utilizarmos na Evangelização Infantil.

O objetivo da Evangelização é preparar as crianças para que cresçam saudáveis, conscientes e que por si mesmas contribuam para formar sociedades mais fraternas.

Porém, apesar de termos já essa consciência, sabemos das dificuldades encontradas pela maioria dos evangelizadores em trabalhar com grupos de crianças onde se cruzam vários níveis de educação, comprometendo, muitas vezes, em função de alguns, o sucesso da maioria.

Sendo assim, quais as técnicas apropriadas que irão realmente contribuir para que o evangelizador consiga atingir o objetivo?

Para buscarmos métodos de trabalho compatíveis com os inúmeros casos de crianças de difícil trato que são trazidas à Evangelização, pudemos avaliar que:

Despertando nas crianças o poder de autodisciplina e responsabilidade, utilizando para isso o diálogo, tratando-as com respeito e liberdade, e principalmente exemplificando pela nossa conduta, não será necessário lançarmos mão de recursos como o castigo.

A recompensa (reforço positivo) poderá ser utilizada como estímulo, porém não permitindo que se tornem habituais, pois assim, em vez de as crianças ficarem interessadas, ficarão interesseiras.

É de extrema importância que os evangelizadores se autoeduquem e se preparem para receber crianças de todos os níveis de educação, exigindo muito mais de si próprios do que dos educandos.

As crianças, principalmente as de difícil trato, esperam desse pouco tempo de convivência com a Evangelização Infantil, não o castigo, mas o amor, a segurança, a atenção e outros fundamentos necessários para sua autoafirmação, que normalmente são falhos em seus lares, por motivos que não nos cabe julgar.

É importante orientar também os pais dessas crianças, através de visitas em seus lares, ou mesmo quando estes vêm até nós, sobre a necessidade de substituirmos os métodos repressivos (se percebermos que existem), pelos estímulos à criação de bons sentimentos.

Nós esperamos das crianças uma educação que nós adultos (educadores, pais, etc.) ainda estamos lutando para conseguir.

Assim, é importante não esquecermos que o potencial que carregamos dentro de nós deverá ser explorado para desafiarmos esta luta no campo da educação moral, utilizando para isso a única arma realmente potente e eficaz: O AMOR.

1.13 A TRANSFERÊNCIA NA APRENDIZAGEM

O papel da Evangelização Infantil é ensinar a criança a aplicar os ensinamentos do Evangelho em outras áreas, situações e lugares.

A aquisição de habilidades e virtudes é feita a longo prazo.

A natureza não dá saltos. São inúmeras as encarnações que utilizamos para adquirir uma virtude, porém, desde que aprendida, segue-se que será automaticamente aplicada quando surgir a necessidade.

A prática da transferência deve ser constante na aprendizagem, pois tudo que não é praticado é facilmente esquecido.

A aprendizagem não deve prender-se a um único aspecto, mas sim de forma variada, e quanto mais variada, maiores serão as possibilidades de transferência.

A transferência do sentimento de amor aos pais, à família, amigos, animais, à natureza, aos necessitados deve ser a tônica das aulas de Evangelização, e a transferência, para ter sucesso, exige qualidade, motivação, inteligência, técnica, métodos de ensino, mas acima de tudo EXEMPLOS.

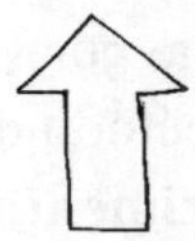

1.14 MÉTODOS E PROCESSOS DA APRENDIZAGEM

Método é palavra grega que significa: Meta = Para; Odo = Caminho, ou seja, é o conjunto de regras sistematizadas que permite alcançar um fim. São vários os métodos, cada qual com suas vantagens e desvantagens.

Métodos são conjuntos de princípios pedagógicos suscetíveis de aplicação em muitas situações.

Sendo a classificação dos métodos muito variada, destacamos alguns que mais se apropriam para a utilização na Evangelização Infantil.

a) **Indutivo**

Consiste em tomar como ponto de partida fatos particulares e progressivamente, pela sua comparação, atingir as leis ou princípios gerais. É a marcha do ensino dirigido da parte para o todo.

Exemplo:

Quando formos tratar do tema GRATIDÃO, iniciamos dirigindo uma pergunta geral à turma:

— Você já ficou agradecido a alguém por algo que lhe tenha feito?

— Quer contar o fato?

— Como se sentiu ao receber a gratidão de alguém?

E assim por diante, até chegar no conteúdo da história e, através da conversação, levar a turma a refletir sobre a gratidão entre pessoas da sociedade, povos, acrescentando fatos de gratidão que ficaram na história, etc.

b) **Dedutivo**

Consiste em tomar como ponto de partida princípios gerais, deles retirando o conhecimento de fatos particulares. É o contrário do método indutivo.

Exemplo:

Quando formos tratar do tema TRABALHO, partimos de uma conversa sobre o progresso das comunicações, transportes, medicina, indústrias, resultado e fruto do trabalho de muitos homens que se dedicam e se esforçam no trabalho diário, pesquisas e descobertas para melhorar o mundo e as nossas vidas, trazendo maior conforto, etc.

E assim, narramos uma história onde se destaca o trabalho individual como necessidade da nossa contribuição, que pode parecer pequena, e de particularidades como: o que devemos às pessoas que trabalham por nós, perguntando se elas conhecem alguém que progrediu pelo trabalho e esforço pessoal, etc.

c) **Global ou globalizado**

Consiste em retirar de um assunto, fato ou narrativa, inúmeros temas.

Exemplo:

Contando a parábola do *Bom Samaritano* encontramos nas atitudes dos personagens ensinamentos sobre: desprezo, indiferença, caridade, amor, fraternidade, etc.

O ensino pelo método globalizado é muito interessante, porém necessita do evangelizador uma boa didática, muita imaginação, preparo, atividade e recreação, para destacar da mesma história, por várias aulas, os diversos temas mantendo o interesse e a motivação da turma.

Este método deve ser utilizado eventualmente e avaliado o seu resultado.

d) **Experimental**

Consiste em provocar experiências "vivas", fazendo surgir fatos que levem o evangelizando a tirar conclusões próprias, atingindo o tema a ser ensinado e fixado. Exige material, tempo e espaço. São aulas ativas, ao vivo.

Exemplo:

A visita a uma obra social: orfanato, asilo, hospital, albergue, distribuição de alimentos e roupas, onde as crianças observam e vivenciam as atividades e o ambiente.

São também aulas onde entra a dramatização, teatros, criação de histórias pelas próprias crianças que através da análise, intuição, interrogação, descobertas, conversas, elaboram segundo o seu próprio entendimento o tema proposto.

São aulas muito ricas, dinâmicas e de agrado das crianças, muito apropriadas ao Primário e principalmente ao Intermediário.

O evangelizador deve utilizar-se com frequência deste método, lembrando sempre que precisa conhecer o seu público, ter uma turma homogênea e acima de tudo preparar-se.

De qualquer forma, os métodos e processos a serem utilizados dependem da aceitação e receptividade das crianças.

Devem ser empregados de acordo com a observação do evangelizador e variar sempre, pois a rotina traz o cansaço e o desinteresse.

1.15 OS 10 MANDAMENTOS PARA PAIS E EVANGELIZADORES

1º mandamento — *Não digas a uma criança:* Não faça isso *sem lhe dar outra coisa para fazer.*

Razões — Educar é corrigir. Corrigir é substituir uma forma de reação inconveniente por uma adequada.

Dizer apenas “não faça isso”, é dar uma ordem negativa. A criança tem prazer na ação. Para desviá-la da que não convém é preciso sugerir-lhe a ação conveniente a fim de não privá-la do prazer de agir.

2º mandamento — *Não digas que uma coisa é má apenas porque te aborrece.*

Razões — A qualificação de uma coisa em boa ou má é importante para a criança na formação de sua capacidade de julgamento. Não deve ser feita com fundamento apenas na tendência afetiva momentânea, de quem a faz. Se é má, cumpre dar a razão, de modo compreensível, para a criança, e esta razão deve estar na coisa em si e não no desagrado que nos cause.

3º mandamento — *Não fales das crianças em sua presença, nem penses que elas não escutam, não observam, nem compreendem.*

Razões — A criança que se sente objeto da atenção dos adultos, quer quando a elogiam, quer quando a censuram, desenvolve uma excessiva estima de si mesma, que a levará a procurar essa atenção de qualquer maneira e a sofrer, quando não a conseguir.

4º mandamento — *Não interrompas o que uma criança está fazendo, sem avisá-la previamente.*

Razões — A criança tem o prazer na ação. Interrompê-la, subitamente, é causar-lhe violenta emoção, de natureza inibitória. Se é necessário interrompê-la, proceda-se de modo que se evite a emoção de surpresa.

5º mandamento — *Não manifestes inquietação quando a criança cai, ou não quer comer, etc., faça o que for necessário, sem te agitares nem te alarmares.*

Razões — A inquietação alarmada em torno de qualquer episódio da vida de uma criança serve apenas para ampliar o tom emocional do acontecimento. Cumpre, ao contrário, considerar as coisas com maturidade, para que nela se desenvolva a capacidade de dominar as suas próprias emoções.

6º mandamento — *Não demonstres amor à criança, somente acariciando-a, faze-o ocupando-te de seus interesses.*

Razões — O carinho físico é agradável, mas não corresponde ao total e único interesse de quem o recebe. O carinho espiritual revelado pela preocupação com os interesses reais da criança é também necessário e extremamente benéfico.

7º mandamento — *Não leves uma criança a passeio. Vá passear com ela.*

Razões — A criança, por suas deficiências naturais, é uma dependente. Quanto mais cedo se anular em seu Espírito tal sentimento de dependência, tanto mais rapidamente se completará o de que se basta a si mesma.

“Levá-la a passeios” é colocá-la na dependência da iniciativa alheia. “Ir com ela passear”, é associá-la à iniciativa e à ação, o que dará mais prazer.

8º mandamento — *Não faças sermões à criança pequena.*

4

Razões — As expressões de conteúdo moral são dificilmente assimiladas pela criança pequena porque são abstratas. Os "discursos" ou "sermões", valem somente como expressões incompreensíveis de um estado de espírito que ela não entende e com o qual muitas vezes se assusta.

9º mandamento — *Não faltes às tuas promessas nem prometas o que não podes cumprir.*

Razões — No Espírito de uma criança, prometer é começar a realizar. Se a promessa não se cumprir, haverá uma frustração, como se a criança houvesse sido privada de alguma coisa, o que dá origem à descrença.

10º mandamento — *Não mintas a uma criança.*

Razões — A mentira poderá ser uma necessidade social. Mas para a criança é uma desilusão da autoridade familiar como fonte e referência de conhecimento e de verdade.

Extraído do livro: *Anos de Infância* — Dra. Susan Isaac

"A Grandeza de um povo não se mede pelo número, como a grandeza de um homem não se mede pela sua estatura. A sua medida é a quantidade de inteligência e de virtudes que possui."

Victor Hugo

AULA

5

REFLEXÃO

"Evangelizador, não 'dê aula' de Evangelização...
Evangelizar, antes de tudo, é 'vivenciar' o Evangelho de Jesus.
E vivenciar é 'conviver', 'criar ambiente evangelizador',
despertando as qualidades superiores que a criança já possui dentro de si.
Faça desabrochar em você esta vivência e leve as crianças a sentir o que sente.
Evangelizar não é, portanto, apenas 'dar aulas',
não é colocar a matéria pronta de fora para dentro da criança,
mas auxiliá-la a pôr para fora tudo o que de bom possui."

5

Didática, Pedagogia e Manejo de Classe

1. DIDÁTICA – CONCEITO E DEFINIÇÃO

Didática é a arte ou técnica de ensinar.

É a aplicação dos preceitos científicos que devem orientar o ensino, tornando-o prático e eficiente.

O evangelizador não deve apenas conhecer a matéria a lecionar.

Antigamente, acreditava-se que um bom geógrafo seria um bom professor de geografia; que todo engenheiro lecionaria bem a matemática; que todo padre daria bom professor de latim...

A experiência demonstrou que não é bem assim. Acima de tudo, é preciso saber transmitir, saber ensinar, saber despertar interesse das crianças pelo assunto tratado.

É necessário saber tornar as aulas atraentes, ter método de trabalho, saber dosar o assunto ao nível necessário, de maneira que todos entendam.

A isso tudo é que se chama "ter didática", "ser didático".

Se o evangelizador não possui tal capacidade, ele não será um bom evangelizador. Poderá ensinar, mas não alcançará o objetivo necessário. Entretanto, o esforço, o estudo e o conhecimento da matéria trarão aperfeiçoamento ao seu trabalho.

Pelos resultados da turma é que avaliamos a capacidade do evangelizador.

Se uma ou duas crianças não aprendem, o problema residirá neles mesmos, por efeito de imaturidade, mal-estar físico provocado por alguma doença, desinteresse, etc.

Porém, se a maioria não aprende, não há dúvida que o evangelizador não tem a capacidade de se fazer compreender. Não é, então, bom didata.

Para a Escola Tradicional, ensinar era transmitir conhecimentos.

Com o progresso da Pedagogia, o caráter educativo do ensino foi acentuado, não mais sendo uma obra de pura recepção, com passividade por parte do educando.

É imprescindível que haja esforço dirigido no sentido de modificação ou formação da conduta do homem. Aprendendo pela participação nas atividades dirigidas, a função do educador se resumirá em dirigir, orientar e estimular o educando na aprendizagem.

Além de bom didata, o evangelizador deverá ser "educador".

Educar não é ensinar, é formar a personalidade do indivíduo.

Educar é prepará-lo para viver em sociedade, sendo útil à comunidade e à Pátria.

Salientamos que essa "preparação para a vida" não se faz em separado da própria vida.

O fenômeno educativo não é uma viagem para a qual preparamos a bagagem de hoje para viajar amanhã.

A vida é uma viagem constante, ininterrupta, em direção ao progresso espiritual.

O evangelizador vai "cuidar" da alma da criança.

Vai preocupar-se mais em "formar a personalidade" nos preceitos da moral cristã, do que em "transmitir conhecimentos".

Formar é mais necessário do que informar. Aquilo que "somos e fazemos" é mais importante do que aquilo que "sabemos" ou "temos".

O indivíduo pode ter muitos conhecimentos e ter uma conduta reprovável na vida com relação a si mesmo e aos semelhantes. A conduta vale mais do que os conhecimentos.

5

1.1 OS 4 "H" DA EDUCAÇÃO

Dizem os americanos que a educação verdadeira forma os 4 H:
HEAD, HEART, HEALTH, HAND ou seja,
CABEÇA, CORAÇÃO, SAÚDE, MÃO.

Enquanto as Escolas de Ensino Fundamental cuidam da cabeça (do cérebro — raciocínio), o evangelizador cuidará:

a) **Do Coração** (formação de sentimentos, caráter e conduta),
b) **Da Saúde** (cuidados com o corpo, alimentação e higiene),
c) **E da Mão** (desenvolvendo o gosto pelo trabalho, pela arte, pela solidariedade em atividades de benefício social).

O conhecimento da Doutrina Espírita nos mostra que a criança é uma criatura que, apesar de atravessar uma curta fase de ingenuidade e pureza, mais ou menos até os sete anos, é um ser que possui um passado intenso, com um potencial latente em seu subconsciente.

Muito cedo as crianças revelam sua personalidade milenar nas atitudes sãs ou doentias. A criança renasce com suas conquistas (virtudes e defeitos) feitas através das inúmeras experiências corpóreas.

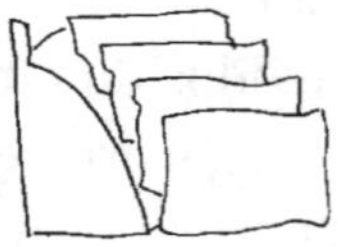

1.2 DIVISÃO DA DIDÁTICA

A didática vale-se da biologia, da psicologia educacional e da sociologia para atingir seus fins.

A didática divide-se em duas partes:

a) **Geral** — que trata das funções da aprendizagem, dos meios de efetivá-la, dos programas, da motivação, da atividade, da globalização dessa atividade e da preparação do educador.
b) **Especial ou Metodológica** — que estuda os métodos empregados para que haja aprendizagem.

2. PEDAGOGIA – CONCEITO E DEFINIÇÃO

É a ciência que tem como objetivo a sistematização e a racionalização dos métodos de educação da criança.

Fundamenta-se nas leis que regem o desenvolvimento psicofisiológico do educando, e os fatores de ordem social e emocional que condicionam esse desenvolvimento.

As doutrinas pedagógicas refletem a realidade social, econômica e política da época em que surgem.

Deve-se a Platão e Aristóteles, filósofos gregos, os primeiros trabalhos sobre o problema educacional.

Porém, somente na época do Renascimento é que surgiu a ideia de que o ensino devia acompanhar o desenvolvimento natural da criança, e adaptar-se aos seus interesses.

Jean Jacques Rousseau expôs suas teorias educativas, cujo mérito foi valorizar a criança, condenando as tentativas de forçá-la a comportar-se como adulto.

No entanto, foi Pestalozzi, também mestre de Kardec, que colocou em prática o método de Rousseau, nas escolas que fundou na Suíça, atribuindo grande valor ao aprendizado através da experiência e da observação, desprezando apenas o ensino livresco.

Lutou pelo desenvolvimento integral e harmonioso do educando, atribuindo grande importância às atividades infantis: brinquedos, canções, histórias e jogos na formação de sua personalidade.

Surgiu então, através de Herbat, adepto de Pestalozzi, a teoria psicológica segundo a qual, a atividade mental é estimulada por "ideias ou representações", e que uma vez assimiladas, dão lugar ou fazem surgir novas ideias, sendo as novas ideias decorrentes da "existência de interesse" por parte da criança.

Cabe assim, ao professor e também ao evangelizador, despertar esse interesse.

3. METODOLOGIA DE ENSINO

A aula do evangelizador tornar-se-á mais eficiente se for alternada e completada por outros métodos de ensino, a seguir sugeridos.

Com prudência e tato, pode o evangelizador ir aos poucos experimentando alguns dos processos indicados.

Examine-se todos e avalie-se os resultados.

Alguns serão desprezados e outros aceitos, dependendo do modo de ser do evangelizador e do interesse manifestado pela turma.

Devem-se introduzir as modificações que a vivência e a experiência indicar.

Tudo com ponderação e com base na experiência.

3.1 ALGUNS MÉTODOS DE ENSINO

Relacionamos a seguir alguns métodos de ensino ativo para serem empregados nas aulas:

a) **Método da Conversação e Discussão** (a partir do Primário)

Consiste em conversar com os evangelizandos sobre o tema ensinado, estimulando as crianças a participar da conversação, principalmente através de perguntas.

A aula se transforma num vivo diálogo entre evangelizador e crianças. A discussão ou debate já prevê um superficial conhecimento do assunto pelos evangelizandos, que irão expor seus pontos de vista.

Deve haver um trabalho anterior de motivação para a pesquisa sobre o assunto. Sempre que possível, o evangelizador "levanta um problema", para que se formem dois grupos: Contra e a Favor.

Trocar, invertendo os grupos Contra e a Favor.

b) **Método de Estudo Dirigido** (para o Intermediário)

O evangelizador formula problemas como, por exemplo:

1) O que é viver?

2) O que é preciso para viver?

3) O que há dentro do corpo humano?

4) O que vejo se olhar no espelho?

5) O que vejo se fechar os olhos e olhar para dentro de mim? O que penso? O que sinto?

6) O que acontece quando uma pessoa morre?

7) Se eu desencarnasse hoje, o que levaria comigo?

As crianças refletem, discutem, pesquisam sobre as questões; o evangelizador dirige as pesquisas das crianças, daí o nome do método.

c) **Método de Exposição Oral** (a partir do Primário)

Numa aula, o evangelizador expõe o assunto, discute, fixa a aprendizagem, tira as dúvidas, no final da aula informa que todos deverão refletir e estudar a matéria, e que na próxima semana dois ou três evangelizandos serão sorteados, para "devolver" a aula, isto é, essas crianças vão "dar" a aula sobre o assunto durante 5 minutos. Este método da exposição oral, faz com que o aluno desenvolva seu potencial interior, domine a timidez e se expresse em público.

O expositor permanece diante dos colegas, à frente, e o evangelizador senta-se entre as crianças.

Este método desperta grande interesse entre eles.

Naturalmente, deverá o evangelizador permanecer atento, colaborando e "amparando", intervindo quando necessário, para esclarecer e corrigir, e o que é mais importante, conduzir a turma de forma fraterna e receptiva, atenta e silenciosa, em respeito ao colega expositor.

d) **Método de Centro de Interesse e Projetos** (a partir do Primário)

Consiste em adaptar o ensino rigorosamente à evolução mental da criança. É imprescindível despertar o seu interesse para determinado tema central, levando a criança a compreender fatos de valor ligados ao mesmo, que giram em torno do assunto abordado.

O entrelaçamento dos assuntos varia de acordo com o maior interesse manifestado pela turma.

Este método impede que a crianças fique a aprender assuntos desligados entre si e que não ofereçam interesse.

e) **Projetos** (a partir do Intermediário)

Projeto é algo que se deseja fazer, para o qual se traça um plano ou roteiro. É uma atividade preconcebida, cuja designação dominante fixa o fim da ação, guia-lhe o processo e proporciona-lhe a motivação.

As características do método de projetos:

- Ser uma atividade bem orientada e intencional.
- É preciso que além da boa orientação a ser fornecida pelo evangelizador, os evangelizandos queiram dela participar. Deve ser basicamente uma atividade do evangelizando. Não basta que o projeto seja uma atividade: é imprescindível que tal atividade seja das crianças.
- Deve ter alto valor educativo para a criança, enriquecendo-lhe o conhecimento, a experiência, despertando-lhe novos hábitos e atitudes. O que tiver de ser feito, só alcançará valor educativo se for feito pelas crianças.
- Fazer algo — O projeto tem que obrigatoriamente consistir em ação, trabalho. Só se aprende a fazer, fazendo de verdade.

Exemplo: Organizar uma visita a uma creche ou orfanato. Pesquisar um local, rua, horário, dia onde será realizada a visita, apresentar fatos que estejam relacionados com este trabalho como, por exemplo, a carência afetiva das crianças, a carência de roupas, alimentos, brinquedos. Apresentar alguns fatos sobre a vida das crianças e seu relacionamento com as visitas que recebem.

Elaborar um álbum que receberá as fotos que forem tiradas no local e que poderá ser dado de presente às crianças.

Desenhar e pintar cartazes com mensagens de alegria para enfeitar o local.

Ensaiar um jogral com músicas, ou dramatização ou teatro, para apresentar às crianças.

Fazer campanhas de roupas e brinquedos (novos ou usados) e alimento para ser entregue.

- Ambiente natural — O projeto deverá ser realizado de verdade, para alcançar pleno valor educativo.

É a "lei da realidade" enunciada pela Psicologia da Aprendizagem.

São inúmeros os projetos que poderemos realizar na Evangelização Infantil. Deverá o evangelizador deixar que as crianças escolham o tema de seu interesse.

f) **Método de Trabalhos em Grupo — Dinâmica de Grupo** (desde o Primário com as devidas adaptações)

A atualidade exige dinamismo do indivíduo. Entretanto, isolado, ele tem menos oportunidade de enriquecer seus conhecimentos e condições de melhor formar a sua personalidade. Para tal, são importantes os trabalhos em grupo, revestidos de dinamismo profundo. Por isso a Pedagogia reformou as técnicas de ensino, tornando-o mais vivo, mais dinâmico, com intensa participação do aluno.

O ensino é ativo porque nele o aluno está sempre em "atividade". As crianças se movem, quantas vezes precisarem, para fazer isso ou aquilo relacionado com o trabalho que estiverem desenvolvendo.

O evangelizador sugere trabalhos, levanta problemas e surge o grande "movimento" de ideias.

Tudo isso acontece, porém, com pequenos grupos formados separadamente. Deverá o evangelizador conhecer previamente os evangelizandos "líderes", colocando um líder em cada grupo.

Separar as crianças, agrupando-as em torno dos líderes. Não convém a presença de dois líderes no mesmo grupo. Somente "polos opostos se atraem", normalmente tratando-se de crianças. É importante que o líder não seja autocrata.

Formados os grupos, será necessário escolher dentro de cada um: o coordenador e o secretário.

Normalmente, o coordenador é o próprio líder do grupo. Sua função é auxiliar os agrupados a participarem da tarefa, apresentando com a maior clareza possível o assunto em pauta.

Realizar um roteiro de estudos e pesquisas, conduzindo as discussões construtivas, em busca de resultados positivos.

Não deverá impor seus pontos de vista, pois para coordenar, exige-se "democracia". Estimular a participação positiva de todos, insistindo pela atividade dos inibidos e evitando que alguns "monopolizem" a palavra.

O secretário tem a função de registrar num caderno próprio, o roteiro do trabalho coordenado, anotando as opiniões e sugestões de todos, inclusive as conclusões tiradas sobre o tema em questão.

Também é função do secretário ler os resultados obtidos.

No trabalho em grupo, é importante que o líder saiba ouvir, seja amigo, justo, fraterno, assíduo, responsável e inspire confiança.

Os membros de cada grupo deverão, por sua vez, primar pela cooperação, respeito ao líder, respeito às opiniões dos colegas, disciplina, aceitando as decisões do grupo.

Após a apresentação do tema, as pesquisas, discussões e debates se iniciam. Os evangelizandos reagem dando opiniões, formulando perguntas, expondo seus pontos de vista. O evangelizador atento e vivo, vai orientando grupo a grupo, corrigindo pontos de vista e erros.

Essa forma de ensino é dinâmica e a aula é transformada em verdadeiro "diálogo", aumentando muito o interesse da criança.

O barulho e o vozerio não devem ser confundidos com indisciplina, pois denotam o interesse das crianças para conhecer o assunto em questão.

3.2 ALGUMAS TÉCNICAS DE TRABALHO EM GRUPO

a) **Discussão circular** — Sentados em círculo, o coordenador apresenta o tema para discussão (dado pelo evangelizador, anteriormente). Concede dois minutos a cada participante e faz as opiniões irem circulando. Só poderá utilizar a palavra pela segunda vez, após todos terem se manifestado.

Deve-se atingir uma conclusão, escrevendo-a para ser posteriormente lida.

b) **Debate** — É uma forma de aprendizagem bastante interessante. O evangelizador apresentará o tema com uma semana de antecedência, permitindo a pesquisa e formando equipes. É preciso que ambas as equipes tenham bom preparo e argumentos definidos. Quando bem conduzido, o debate é de alto valor educativo. É uma espécie de "duelo" de perguntas, em que os participantes, alternadamente, fazem à outra equipe.

c) **Seminário** — É um grupo de discussão em que as crianças, sob a orientação de um líder, investiga problemas e relata resultados para discussão e crítica. O evangelizador tira as conclusões e salienta os aspectos principais.

d) **Simpósio** — Consiste em duas ou mais palestras breves, nas quais são expostas diferentes fases de um mesmo tema geral. Comumente acompanhado de debate pelo auditório, ou de uma sessão de perguntas e respostas.

e) **Painel** — Às vezes denominado " Mesa Redonda", compõe-se de 4 a 6 pessoas que sustentam uma discussão entre elas sobre o tema, que o auditório escuta. Os integrantes do painel sentam formando um "V" com o líder no vértice. Nesta posição podem ver-se uns aos outros, e o auditório pode ver todos eles. Após a discussão, o auditório formula questões, que são selecionadas pelo líder e encaminhadas aos painelistas, para serem respondidas.

f) **Fórum** — No fórum existem dois oradores explanando, um após o outro, o mesmo tema. Entretanto, defendem opiniões opostas. Essa é sua principal característica: apresentação de aspectos opostos do assunto. Não há debates. O auditório participa ativamente com perguntas, cujas respostas os oradores em questão vão apresentando.

São variadíssimas as formas de trabalhar em grupo. Os evangelizadores devem utilizar-se daquelas que melhor se ajustem ao interesse e perfil da sua turma.

4. MANEJO DE CLASSE

É a forma pela qual o evangelizador controla, supervisiona e avalia a sua turma.

O controle, a supervisão e a avaliação devem proporcionar equilíbrio, tranquilidade, aprendizagem, aproveitamento da matéria, disciplina e interesse.

4.1 OBJETIVOS A SEREM ALCANÇADOS

Através do manejo da sua turma, deverá o evangelizador atingir os seguintes objetivos junto às crianças:

a) Respeito de uns para com outros.

b) Responsabilidade nas tarefas.

c) Hábitos de higiene.

d) Boa conduta.

e) Honestidade.

f) Cooperação.

g) Amor ao próximo.

4.2 O ESTATUTO DO EVANGELIZADOR

Relacionamos a seguir 20 itens para que os evangelizadores reflitam e os pratiquem para bem aprender a manejar uma turma e aperfeiçoar a sua didática.

1) As crianças de hoje são Espíritos extremamente inteligentes ou violentos, e às vezes, os dois casos, necessitando, portanto, de energia, amor, respeito, preparo no Evangelho e nossa dedicação para se desenvolverem cristãmente.

2) Tornar-se amigo das crianças para ajudá-las conquistando a sua confiança e agindo com justiça e imparcialidade.

3) A criança aprende essencialmente pelos nossos exemplos e dos que fizeram e fazem a história. Elas observarão nossas atitudes, perceberão nosso íntimo e receberão as nossas mais sutis vibrações através de sua sensibilidade aguçada.

4) Precisamos rever nossos padrões de conduta pregados pelo Cristo e reafirmados pela Doutrina Espírita para ensinar-lhes e desenvolver nas crianças resultados positivos.

5) Desenvolver e aprimorar a didática nas aulas. Sejamos autênticos sem desprezar o estudo que nos aprimora, e sem esquecer a ética e a caridade que ensina a nos vigiarmos.

6) Ter equilíbrio emocional, sendo alegre e bem-humorado. Devemos aprender a rir. A criança sente-se segura junto ao adulto capaz de rir gostosamente.

7) Conseguir durante as aulas um clima de harmonia, otimismo e paz preparando o ambiente com música, prece, histórias, brincadeiras e a sua própria vibração.

8) Adquirir um timbre de voz agradável. Usar vocabulário simples, variado e acessível. Evitar o uso de gírias e termos pejorativos.

9) Elogiar e criticar as atitudes e não as crianças. Deixar claro que gostamos delas embora não aprovemos algumas coisas que façam ou falem. Jamais rotular ou apelidar uma criança.

10) Motivar as crianças a falarem e expressarem suas próprias ideias. Ouvir suas perguntas e estimulá-las para que encontrem as próprias respostas.

5

11) Dentro da filosofia da nova postura de expositores, o evangelizador é um candidato em potencial para exercitar o diálogo e a conversa, sendo apenas o orientador, o facilitador das aulas.

Não confundir liberdade de falar com indisciplina, barulho, balbúrdia — todos falando ao mesmo tempo e qualquer coisa, sem raciocínio ou reflexão. Não permitir jamais ataques pessoais a partidos, instituições ou pessoas.

12) A maior preocupação não deverá ser transmitir conteúdos prontos, mas ajudar a criança a compreender, intimamente, o sentido e o significado do assunto/tema em estudo, segundo seu grau de compreensão e evolução.

13) Levar a criança a refletir sobre atitudes e sentimentos, preparando-a para o conhecimento e a aceitação de si mesma através da busca interior.

14) Estimular a criança à pesquisa para desenvolver o espírito de análise, predispondo-a a novas descobertas, para que ela se torne agente da sua própria educação, valorizando-lhe os aspectos positivos e encorajando-a a assumir pequenas responsabilidades e desenvolvê-las bem.

15) Orientar, estimular e despertar o interesse para experiências e atividades adequadas ao desenvolvimento de qualidades superiores. Orientando-a pela sua convicção, pela persuasão, pelo exemplo e nunca pela ameaça ou sermões.

16) Oferecer experiências ricas, variadas e interessantes, procurando conseguir a participação ativa das crianças, tentando obter o máximo delas, de maneira agradável e dentro das suas características de idade e interesse.

17) Ajudar as crianças a se sentirem seguras do que sabem e não apavoradas pelo que não sabem. As atividades devem ser adequadas e dosadas segundo seu ritmo de ação, devem ser um estímulo para continuarem o trabalho. O fracasso constante desestimula o seu crescimento.

18) Analisar e observar a criança, suas necessidades e anseios. Descer até onde ela está e ajudá-la a subir a altura que ela for capaz e não apenas onde achamos que ela deva chegar.

19) Observar e conhecer suas necessidades e carências de ordem psicológica, espiritual, social, escolar, material, física, que possam interferir no seu crescimento e procurar encaminhá-la e ajudá-la a quem possa propiciar-lhe atendimento.

20) Do preparo da aula, mas acima de tudo, da conscientização do nosso papel de evangelizador é que dependerá a transformação do Espírito infantil no homem novo e feliz de amanhã, sabedor que o Evangelho de Jesus não faz distinção de pessoas, que é alegria, redenção e consolação.

"Nada lhe posso dar que já não exista em você mesmo.
Não posso abrir-lhe outro mundo de imagens além daquele que há em sua própria alma.
Nada lhe posso dar, a não ser a oportunidade, o impulso, a chave. Eu a ajudarei a tornar visível o seu próprio mundo, e isso é tudo."

Herman Hesse

AULA 6

REFLEXÃO

"O homem são os seus pensamentos, que fomentam atitudes e estimulam realizações.
Enfermidades sem conta proliferam porque a profilaxia da alma é deixada à margem.
Cuide da vida espiritual, preservando-se do mal em qualquer expressão.
Você pode viver sem muitos, nunca, porém, inimizado consigo mesmo.
Portanto, profilaxia da alma para dias venturosos,
hoje na Terra, e, mais tarde na vida espiritual."

Divaldo P. Franco - Momentos de decisão,
Espírito Marco Prisco

6

Fenômenos Psíquicos

A psicologia educacional preocupa-se ainda com a natureza dos elementos que envolvem a aprendizagem e os processos da atividade mental, bem como sua importância na formação da personalidade de cada indivíduo.

Discorremos a seguir sobre alguns dos fenômenos psíquicos que atuam na atividade mental relativos à aprendizagem, apresentando informações básicas sobre suas influências quanto ao relacionamento com as crianças nas aulas de Evangelização Infantil.

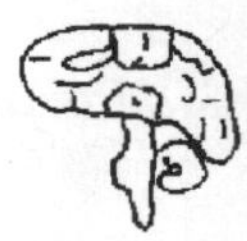

1. INTRODUÇÃO

Fenômenos psíquicos são fatos decorrentes da atitude mental do indivíduo, que desencadeiam comportamentos específicos, comportamentos esses responsáveis pela estrutura da nossa personalidade e de grande peso na aprendizagem ao longo da nossa existência.

Os fenômenos psíquicos originam-se no cérebro.Vejamos:

O cérebro tem dois hemisférios: hemisfério direito e hemisfério esquerdo.

É revestido com células — neurônios, tem a substância branca, cinzenta, etc.

No adulto pesa aproximadamente 1.500 gramas, 100 bilhões de células nervosas estão em atividade, cada uma liga-se a milhares de outras em mais de 100 trilhões de conexões.

A trama é precisa e delicada. Graças a ela o homem raciocina, enxerga, ouve, aprende, emociona-se.

Os hemisférios são unidos pelo corpo caloso (plug), como se fosse um cabo telefônico.

Quanto mais os dois lados são requisitados simultaneamente, maiores terão de ser essas conexões cerebrais.

Como e o que fazer com tudo isso? O que já se sabe é que se não tiver uma voz de comando, como um computador, se não tiver um programa, não funciona. E que programa é este? Este programa chama-se VIDA!

"O Espiritismo e a Ciência se completam reciprocamente; a Ciência, sem o Espiritismo, acha-se na impossibilidade de explicar certos fenômenos somente pelas leis da matéria; ao Espiritismo, sem a Ciência, faltaria apoio e comprovação." (A Gênese, *de Allan Kardec, capítulo I, item 16)*

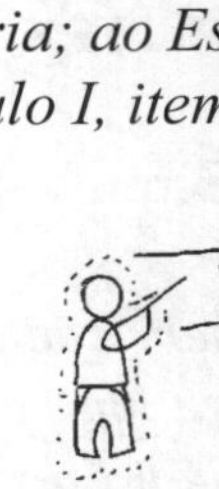

2. NA CONCEPÇÃO ESPÍRITA

O homem é um *ser espiritual* que anima um *corpo carnal*. O ser espiritual possui também um corpo, o qual é chamado de **Perispírito.**

O perispírito é um corpo fluídico, intermediário entre o Espírito e o corpo carnal.

Todas as funções mentais e psíquicas do corpo carnal são mantidas e dirigidas pelo perispírito.

A mente é um centro espiritual de controle e comunicação, que se manifesta através do cérebro.

6

É a alma (ou espírito) que sente, que recebe, que quer, segundo as impressões que recebe do exterior, e mesmo independente delas, pois que também recebe impressões morais, e tem ideias e pensamentos sem a intervenção dos sentidos corporais (carnal).

E tanto é assim, que, separada do corpo, pela morte ou por simples desprendimento, ela exercita todas as funções que exercia quando ligada ao corpo; possui e exercita a inteligência, a razão, a sensibilidade (não mais física), a vontade, a memória, a consciência, e tudo isso em grau superior, não sendo mais tolhida pela prisão carnal.

No livro *A Loucura sob Novo Prisma*, de autoria de Bezerra de Menezes, capítulo II, temos exemplo claro de como acontecem as funções psíquicas:

"O cérebro, de onde decorrem os dois sistemas de nervos, é a grande pilha que segrega o fluido nervoso."

Por exemplo, se um mosquito nos pica, a impressão é levada ao cérebro pelos nervos sensíveis ou do sentimento, e é gravada no perispírito, que é ligado a todas as moléculas do corpo. Ligando-se à alma, ou espírito, dá-lhe conhecimento e ela sente a dor. Sentindo-a, procura remover a causa mandando uma resposta ao corpo através do mesmo caminho — perispírito — que, por sua vez, transmite ao cérebro, o qual põe em ação os nervos motores necessários à ação de mover, suponhamos, o braço para matar ou afugentar o mosquito. Este caminho todo é feito em milionésimos de segundos — quase instantaneamente.

Observação: No caso de pessoa alcoolizada ou comprometida pelas drogas, há uma destruição de neurônios irreversível. Nesta pessoa, quando coloca a mão sobre uma chapa quente, há uma demora para que a informação seja transmitida ao cérebro pelo processo acima explicado e, por consequência, os danos da queimadura são muito maiores.

O perispírito, portanto, é quem transmite à alma as impressões do corpo, concentradas no cérebro, e é quem transmite ao corpo as vontades da alma pelo impulso dado ao cérebro, como Centro do Sistema Nervoso.

O corpo é simples meio de pôr a alma em relação com o mundo externo, ligando-se-lhe pelo perispírito.

Logo, a função do corpo, em geral, e dos seus órgãos, em particular, é de simples aparelho ou instrumento da alma, e que cessa desde que esta se retire.

CADA ALMA TEM O CORPO DE QUE PRECISA PARA SUA MISSÃO NA VIDA TERRENA.

Ainda no livro *Evolução em Dois Mundos*, André Luiz, capítulo XIII, encontramos:

"Com a supervisão dos Orientadores Divinos, associam-se-lhe no cérebro, o Centro Coronário e o Centro Cerebral, que estão em movimento sincrônico de trabalho e sintonia.

Por intermédio do primeiro, a mente administra o seu veículo de exteriorização, utilizando-se, a rigor, do segundo, que lhe recolhe os estímulos, transmitindo impulsos e avisos, ordens e sugestões mentais aos órgãos e tecidos, células e implementos do corpo por que se expressa."

Em outras palavras, o Centro Cerebral (ou Centro de Força Frontal) comanda e controla sensações e impressões do mundo sensório, e o Centro Coronário é responsável pelo sistema de governança do Espírito.

6

No livro *Nos Domínios da Mediunidade*, André Luiz, capítulo III, encontramos:

"Considero, assim, de extrema importância a apreciação dos centros cerebrais, que representam bases de operação do pensamento e da vontade.

É assim que a alma encarnada possui no cérebro físico os centros especiais que governam a cabeça, o rosto, os olhos, os ouvidos, e os membros em conjunto com os centros da fala, da linguagem, da visão, da audição, da memória, da escrita, do paladar, da deglutição, do tato, do olfato, do registro de calor ou frio, da dor, do equilíbrio muscular, da comunhão com os valores internos da mente."

No livro *No Mundo Maior*, André Luiz , capítulos III e IV, destaca-se o seguinte:

"O cérebro é aparelho dos mais complexos, em que o nosso Eu reflete a vida, varia ele de criatura a criatura, em virtude da multiplicidade das posições na escala evolutiva."

NO CÉREBRO, PORÉM, INICIA-SE O IMPULSO DA QUÍMICA ESPIRITUAL.

"O cérebro é o órgão sagrado de manifestação da mente, em trânsito da animalidade primitiva para a espiritualidade humana, mas não podemos deixar de ressaltar que a ciência ainda não reconhece desta forma. Para os estudiosos da Terra o cérebro é quem comanda o corpo."

O cérebro é, portanto, quem recebe e envia informações, analisa e determina o que deve ser feito, como e quando as atividades devem ser realizadas.

Uma coisa é certa, a ciência já está vasculhando de perto a questão do cérebro.

O século XXI deverá ser o **século cerebral**, em decorrência das recentes descobertas sobre o cérebro.

Nessa Era Cerebral, a medicina busca aperfeiçoar terapias capazes de enfrentar lesões do cérebro ou melhorar o desempenho do órgão.

3. QUALIDADE DE VIDA

As condições de vida, desde o final do século XX, no entanto, aumentaram a oferta de ingredientes nocivos: há mais estresse e ampliou-se a variedade de drogas, as depressões e o medo da violência estão causando atrofias na parte do cérebro, responsável pela memória e aprendizagem.

Fatores que prejudicam o desempenho da memória:

- Cansaço, antidepressivos e tranquilizantes, noites mal dormidas, traumatismo craniano, álcool, menopausa — quando não há reposição de hormônios.
- Certas doenças como: Mal de Alzheimer, hipotireoidismo, distúrbios circulatórios, tumores, lesões neurológicas (provocadas pela AIDS), encefalites, derrame.

Acreditamos que estes motivos estão levando os cientistas a pesquisarem mais e, por consequência, novos conhecimentos sobre o cérebro já surgiram.

6

Os estudos mais recentes sobre o cérebro mudaram os conceitos de como ele funciona.

Antigamente acreditava-se que cada parte possuía uma função específica — fala, sensação, paladar, comunicação, memória, etc. Hoje, porém, acredita-se que cada uma das células pode desempenhar múltiplas funções.

Elas trabalham de forma coordenada para dar a cada área do cérebro especialização em determinadas tarefas.

Fatos ligados à **emoção** são mais armazenados no hemisfério direito do cérebro, enquanto os ligados à **razão e à linguagem** ficam no hemisfério esquerdo, porém a sua maleabilidade permite a adaptação a situações imprevistas, como uma lesão decorrente de um acidente.

Uma pessoa que sofre uma lesão na área responsável pela fala, pode voltar a falar, mas sem a fluência original. A idade também é fator importante para a recuperação. Quanto mais jovem o paciente, maiores as chances de sucesso na readaptação.

O maior salto científico, no entanto, está no terreno da **memória**, a ferramenta mais essencial do cérebro.

Ela é capaz de descartar dados irrelevantes ou resgatar dados praticamente perdidos. Quanto mais informações são ali armazenadas, mais ágil o cérebro se torna para localizar o estoque antigo.

O MELHOR CONSELHO DOS CIENTISTAS EM RELAÇÃO À MEMÓRIA É: USE E ABUSE!

Continuando na linha da concepção espírita, o bebê que hoje recebemos no lar, pelas portas da gestação**,** não é um ser sem passado, é um ser que já traz um patrimônio vivencial gravado na sua **memória inconsciente** — também conhecida como zona espiritual.

Devido às inúmeras reencarnações, fica no inconsciente do ser humano, um material volumoso, o que faz com que ele tenha diferentes atitudes e comportamentos no dia-a-dia.

Todos os indivíduos são o somatório de suas existências anteriores, construindo, assim, as diversas personalidades, consequentemente com toda a carga de lutas, conquistas e conflitos, e para que em cada encarnação ele tenha êxito, é necessário que se considere único, diferente e vá se espelhando nos modelos positivos da imensa família humana.

Psicologicamente existem no inconsciente todos os símbolos das diferentes culturas que se misturam, formando a realidade individual, do seu EU, seu ser consciente.

Cada ser deve encontrar a sua própria rota, trabalhar sem culpa, sem ansiedade, sem conflito e sem remorsos.

O Espiritismo explica esta multiplicidade de conteúdos psicológicos nas criaturas, pois procedem de um mesmo tronco, onde cada qual já viveu situações especiais e diferentes.

Cada ser possui uma infinita riqueza, no seu mundo interior, que é a Herança Divina, que agora desperta e toma-lhe a consciência.

O Inconsciente está no comando das **sensações** e **emoções**, deixando pouco espaço para a consciência — lucidez dos atos.

USAMOS APENAS DE 5% A 10% DO NOSSO CONSCIENTE.
O RESTANTE É ATO INCONSCIENTE.

Para o psicanalista Jung, o Inconsciente é um oceano, no qual se encontra mergulhada, quase que totalmente, a consciência como, por exemplo, um iceberg, cuja parte visível é a da consciência. Nesse oceano, encontram-se guardadas todas as experiências do **ser**, desde as suas primeiras impressões, atravessando o período do desenvolvimento e evoluindo até o momento da lucidez, do pensamento lógico, que transita para o estágio do Pensamento Cósmico.

No Inconsciente é que está a presença e o significado de Deus e do Espírito.

Toda essa energia de que é portador o Inconsciente, pode ser canalizada para a edificação de si mesmo, superando os medos e perturbações dos fantasmas do cotidiano que respondem pela insegurança e pelo desequilíbrio emocional do indivíduo.

4. COMO FUNCIONA O CÉREBRO DAS CRIANÇAS

Pesquisadores de diversas partes do mundo estão descobrindo que há etapas definidas para o desenvolvimento do cérebro das crianças e informam que a inteligência, a sensibilidade, a linguagem podem e devem ser aprimoradas na escola, em casa, no convívio social.

O cérebro precisa de ginástica; sem isso, por mais rica que seja a herança genética recebida, nada será feito.

Da mesma forma que um chip de computador, por mais potente que seja, nada vale sem os programas que o fazem funcionar.

Assim, o cérebro está dotado de capacidade e precisa ser estimulado.

Por exemplo: crianças privadas de contatos físicos têm desenvolvimento anormal. É preciso incentivar a todas as crianças para o aproveitamento das chamadas **janelas das oportunidades**, pois conseguirão melhor desempenho na música, língua estrangeira, natação e dança na infância.

É na infância que se realça o papel importante que a glândula pineal tem no fenômeno da perda da consciência do Espírito reencarnado.

A glândula pineal, também conhecida como **epífise**, está situada na caixa craniana desde o período fetal.

A pineal pode ser considerada o órgão onde o Espírito se expressa mais diretamente no corpo biológico.

Na pineal é que as expansões energéticas do perispírito prendem-se mais profundamente, sendo por isso chamada a glândula da vida espiritual pelos palingenistas (reencarnacionistas).

À medida que o desenvolvimento da pineal se processa, cada vez mais se acentua a união com as energias espirituais que impulsionam todo o desenvolvimento fetal modelado pelas matrizes perispirituais.

As modificações que ocorrem na glândula pineal são facilmente observáveis até os 2 anos de idade. A partir daí, e até 6 ou 7 anos, as transformações são muito lentas. Após os 7 anos é que a reencarnação pode ser considerada como definitiva, pois o Espírito passa a ter fixação completa ao organismo biológico e principalmente à pineal.

No livro *Gestação: Sublime Intercâmbio*, de Ricardo Di Bernardi, destacam-se os seguintes pontos:

6

1) "A sabedoria Divina, dentro da Lei Universal, determinou, pelas linhas evolutivas, que até os 6 ou 7 anos de idade o Espírito possa receber dos pais as expressões mais favoráveis de boa conduta moral sem reações grosseiras intensas."

2) "Como o Espírito não é ainda senhor do seu novo cérebro, há portanto, neste período que vai desde a concepção até aos 7 anos, oportunidade para serem gravados no cérebro o bem e os exemplos éticos que serão repassados aos arquivos perispirituais, dando novo impulso evolutivo ao espírito."

3) "Para os educadores em geral, é a grande oportunidade de semear, regar e adubar no terreno propício, onde os fatores do passado adormecidos pela imaturidade da pineal não interferem significativamente prejudicando o preparo da colheita."

Ainda no livro *Missionários da Luz*, André Luiz, FEB, capítulo II, encontramos considerações importantes sobre a **pineal ou epífise**:

"A pineal é a glândula da vida mental. Ela acorda no organismo do homem, na puberdade, as forças criadoras e, em seguida, continua a funcionar, como o mais avançado laboratório de elementos psíquicos da criatura terrestre."

Aos 14 anos, aproximadamente, depois de posição estacionária, a **pineal** recomeça a funcionar no homem reencarnado.

O que representava controle é fonte criadora e válvula de escapamento, ela reagrega-se ao conceito orgânico e reabre seus mundos maravilhosos de sensações e impressões na esfera emocional.

Entrega-se a criatura à recapitulação da sexualidade, examina o inventário de suas paixões vividas noutras épocas que reaparecem sob fortes impulsos.

Ela preside aos fenômenos nervosos da emotividade, como órgão de elevada expressão no corpo etéreo.

Segregando unidades — força**,** pode ser comparada a poderosa usina, que deve ser aproveitada e controlada, no serviço de iluminação, refinamento e benefício da personalidade e não relaxada em gasto excessivo do suprimento psíquico, nas emoções de baixa classe.

4.1 PAPEL DO CÉREBRO NO COMPORTAMENTO DO HOMEM E DA MULHER

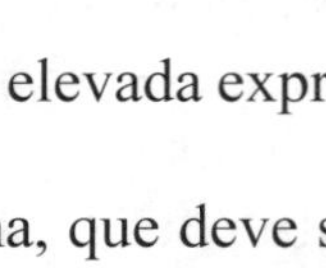

O cérebro do homem e o da mulher são órgãos que até cumprem as mesmas funções, mas guardam diferenças radicais entre si, são as marcas da natureza.

Os cientistas procuram explicar por que a emotividade e a habilidade manual são traços femininos, enquanto a agressividade, a noção espacial e a lógica matemática são identidades masculinas.

Homens: Eles são mais agressivos e competitivos. As guerras são masculinas. Numa briga, os homens reagem com decisão e rapidez. Com eles é mais fácil uma discussão degenerar em um confronto físico.

6

Mulheres: A tristeza nas mulheres é mais profunda. Elas entram em depressão com mais facilidade. A cada homem deprimido há duas mulheres nessa situação. Ao brigar, elas são menos violentas. Preferem argumentar.

Homens e mulheres utilizam parcelas diferentes do sistema límbico, estrutura cerebral responsável pelo controle das emoções. Eles usam a parte mais primitiva dessa estrutura, a que é responsável pelo desencadeamento de ações físicas.

Elas usam mais a porção superior, associada ao ato simbólico.

O cérebro delas é mais sensível à tristeza. Ao lembrar de tragédias pessoais, as mulheres ativam uma área do sistema nervoso oito vezes maior que a dos homens.

Homens: Eles têm mais facilidade para tomar decisões. Calculam riscos e perigos. Primam pelo raciocínio lógico. São mais propensos para carreiras que valorizam a matemática e a física.

Mulheres: Elas são mais sensíveis, emotivas e intuitivas. São atentas à carga emocional de uma discussão mesmo quando se trata de uma conversa de negócios. Têm facilidade para interpretar um texto literário ou uma cena de filme.

A principal diferença entre homens e mulheres se encontra na forma pela qual utilizam o cérebro. Nos homens, predomina o uso do lado esquerdo, responsável, entre outras funções, pelo raciocínio lógico. As mulheres usam tanto a porção esquerda como a direita do cérebro, que deflagra os mecanismos da emoção.

Elas têm, por isso, uma relação mais emocionada com todas as formas de linguagem. Eles são mais frios.

Homens: Eles têm pontaria mais certeira. Isso se reflete em atividades físicas e na vida social. São melhores no tiro ao alvo e no bilhar. Também são mais capazes de definir um objetivo e persegui-lo.

Mulheres: Elas têm uma relação profunda com a maternidade. O cuidado que dispensam aos filhos ultrapassa em muito o dos pais. Elas abrem mão mais facilmente de projetos pessoais em função da prole.

Quando os primeiros hominídeos desceram das árvores, há 4,5 milhões de anos, coube aos homens prover as mulheres e os filhos de alimentos e proteção. A eles cabia caçar. A elas, o cuidado com a prole. Os cientistas mostraram que em alguns mamíferos superiores existe uma região do cérebro que responde pelo instinto maternal.

Em experiências feitas com macacas, esse ponto foi retirado através de cirurgia. A reação das macacas foi rejeitar a prole. Acredita-se, mas não se demonstrou, que o mesmo ponto exista nas mulheres.

Homens: Eles têm um senso de orientação espacial mais aguçado. São mais capazes de interpretar um mapa e guiar-se por ele.

Mulheres: As mulheres têm mais habilidade para trabalhos delicados como tricô, crochê ou corte e costura. Hoje, linhas de montagem que exijam essa destreza manual, como as fábricas de componentes de computador, preferem a mão de obra feminina.

O sentido de orientação espacial aguçado nos homens deve-se à ação dos hormônios sexuais masculinos no cérebro. Mulheres com dosagens elevadas de hormônios masculinos têm sentido de orientação melhor que as com dosagem normal. A maior habilidade manual das mulheres acontece porque elas usam mais os dois hemisférios do cérebro, responsáveis, cada qual, pelos movimentos do lado oposto do corpo. Essa sintonia fina entre os gestos feitos com a mão esquerda e os realizados com a mão direita é que lhes confere melhor coordenação motora.

6

QUANDO CHEGAM EM CASA AS MULHERES VÃO PELOS CANTOS E O HOMEM VAI PARA UM CANTO, SEGUNDO O PSICOTERAPEUTA IÇAMI TIBA. E, TALVEZ SEJA POR ISSO QUE AS MULHERES CONSEGUEM FAZER MEIA DÚZIA DE COISAS AO MESMO TEMPO.

5. INTERESSE

É uma atitude afetiva, um estado emocional, um desejo de atração em direção a um objeto, coisas, pessoas ou processo.

A palavra "interesse" sugere o que está sempre entre duas coisas que, de outro modo, estariam separadas.

O interesse é uma consequência das necessidades biológicas do indivíduo e constitui a base da motivação. Sem interesse não há aprendizagem, não obstante as aparências possam levar a crer que as crianças aprendem alguma coisa sem interesse.

5.1 CULTIVO E APROVEITAMENTO DO INTERESSE

Quando uma criança chega na Evangelização, não tem ainda seu interesse ligado com a religião.

Há, inclusive, muitas coisas de que ela poderá não gostar. Portanto, a habilidade do evangelizador estará em interessar o evangelizando nos assuntos ou atividades do Evangelho, relacionando para tanto, a matéria do Programa de Evangelização com as atividades próprias da vida da criança ou do jovem.

Quando não se consegue despertar o interesse, pouco adiantará o esforço para ensinar à criança ou ao jovem, porque eles escutam mas não ouvem e, logicamente, nada aprendem.

As atitudes e as emoções são muito contagiosas.

Assim, a personalidade e as atitudes mentais do evangelizador contribuem para suscitar o interesse e, em consequência, a atenção da criança.

O evangelizador deve entrar em sala esquecendo seus problemas particulares, lembrando apenas que as crianças foram confiadas à sua guarda e direção.

Simpatia e entusiasmo serão seus instrumentos na tarefa da Evangelização.

5.2 CLASSIFICAÇÃO DO INTERESSE

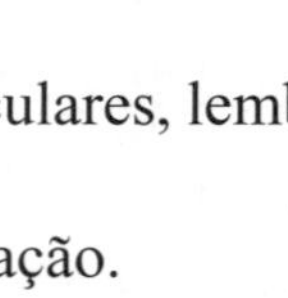

O interesse pode apresentar-se intrínseco e extrínseco:

a) **Interesse Intrínseco**

Encontra sua base no próprio assunto da aprendizagem.

Exemplo: Para quem quer saber sobre reencarnação, conhecer a Doutrina Espírita tem profundo interesse em si mesma.

b) **Interesse Extrínseco**

Estão baseados em motivos alheios à aprendizagem.

Exemplo: A mãe queria que a filha aprendesse a tocar piano, mas a filha preferia brincar, passear, ficar com as amigas. A mãe então lhe disse:

— Você precisa de uma atividade que lhe ocupe algumas horas do dia. Você escolhe: ou estuda piano ou vai para o tanque lavar roupas.

A filha escolheu tocar piano e tornou-se uma excelente pianista.

5.3 EVOLUÇÃO DOS INTERESSES

Verificamos na prática que um assunto recebido com profundo interesse numa turma de Primário, por exemplo, nenhuma atração exerce quando apresentado numa turma de Intermediário. Isso porque o interesse corresponde a uma necessidade íntima, que varia conforme o grau de desenvolvimento do indivíduo.

O psicólogo Claparéde diz:

— A criança se desenvolve naturalmente, passando por um determinado número de etapas que se sucedem numa ordem constante. Cada etapa correspondendo ao desenvolvimento de uma determinada função ou aptidão, cujo exercício proporciona prazer à criança.

Com o constante aumento de seu círculo de amizades e atividades, a criança tende a adquirir novos conhecimentos e, automaticamente, novos interesses. À medida que avança em idade, deixa de ter interesses, propriamente infantis, passando a concentrar-se no mundo dos adultos. Sua exigência é maior na seleção dos assuntos.

Claparéde classifica o interesse quanto à sua evolução em três grandes estágios:

AQUISIÇÃO, ORGANIZAÇÃO E PRODUÇÃO.

1) **Estágio da Aquisição**

O estágio de aquisição abrange a idade lactente, a primeira e a segunda infância.

a) **Idade Lactente** (Fase de interesses perceptivos)

Vai até os 2 anos. A criança se interessa por tudo que venha impressionar-lhe os sentidos: objetos coloridos, toques de sinos, campainhas, música, chocalho. À medida que aprende a sentar, ficar em pé, engatinhar, andar, a visão do mundo vai se modificando e os interesses também se diversificam. É também o período de interesses glóssicos (interesse em articular palavras).

b) **Primeira Infância** (Fase de interesses gerais)

Vai dos 3 aos 6 anos. Nesta fase, a criança descobre o mundo: observa, compara, reflete, inventa. Aos poucos, reconhece e compara tamanhos e formas, dispõe cubos um ao lado do outro, empilha-os ou faz trenzinhos.

É dispersiva, com tempo curto de interesses; sua capacidade de atenção é pequena. Até os 5 anos só lhe interessa brincar. Logo depois existe interesse em agrupamentos. É a idade dos porquês, da imitação e da atividade lúdica (o que tem caráter de jogos, brinquedos e divertimentos — manuseio concreto de objetos).

Quando o evangelizador tem conhecimento deste estado natural da criança, perceberá que atividades simples, mas bem dirigidas e preparadas provocam interesse e alegria nas crianças; é tudo o que elas precisam naquele momento.

c) **Segunda Infância** (Fase de interesses especiais)

Vai de 7 a 11 anos. Nesta fase a criança valoriza o trabalho em si mesmo, constituindo a atividade apenas o meio de atingir o objetivo. Tem menor interesse por atividades solitárias.

Procura cada vez mais participar das atividades em grupo. Interessa-se por estilos de roupas, determina tipos de atividades lúdicas e desenvolve ideias por direitos e deveres. É ainda nesta fase que, compreendendo o comportamento e os sentimentos dos que a cercam, a criança é capaz de ter pena do sofrimento alheio e sensibilizar-se com as emoções de outras pessoas.

Percebe, então, o que significam verdadeiramente a solidariedade e o senso de boa camaradagem.

Período rico na exploração de conteúdos como caridade, solidariedade, campanhas comunitárias e visitas a obras sociais.

Sente necessidade de conhecer a causa e o efeito das coisas. É nesta idade que surge a mentira intencional.

São acentuadas as noções de semelhança e diferença.

2) **Estágio da Organização**

Este estágio abrange a adolescência, fase dos interesses sociais.

O jovem liberta-se do egocentrismo, buscando convívio constante com o próximo.

Movido pelas emoções, é o adolescente alegre, sensível, generoso, otimista.

É inseguro, revelando-se agressivo para auto-afirmar-se.

Interessa-se pela política, filosofia. As questões religiosas têm grande interesse nessa fase e o evangelizador deverá ter o cuidado de não tentar mudar bruscamente as ideias religiosas do jovem que há pouco veio de outra religião; qualquer forçamento, neste setor, antes que ele possa assimilar os novos conceitos, seria muito perigoso.

3) **Estágio da Produção**

Normalmente os interesses estão estabilizados pelas diretrizes tomadas, pela educação recebida, pelos conceitos cristãos, se recebidos. Nesta idade o individuo, já organizado, constrói, produz, luta, compreende, vive plenamente com todas as capacidades já desenvolvidas.

6. ATENÇÃO

É um estado de concentração da energia psíquica sobre um fato ou um objeto, discriminando-o dos simultâneos.

A característica fundamental da atenção é a direção segura do pensamento:

— *É a característica preliminar e fundamental da atenção. Quanto mais a criatura dirige seu pensamento, maior o seu índice intencional.*

É preciso, entretanto, que a direção seja segura. A tendência natural do Espírito é a dispersão, a divagação.

6

Chama-se a isso "disponibilidade mental". Para que haja atenção, é necessário que o Espírito controle essa dispersão e imprima uma direção segura ao pensamento.

Na atenção, realiza-se um ato de escolha, de seleção. Na "disponibilidade mental", muitos são os estados de consciência que atravessam a mente. Quando o Espírito se dispõe a prestar atenção, realiza de imediato uma escolha principal que vai ocupar o foco da consciência.

Quando o indivíduo vai atender a algum objeto, ele se adapta, isto é, se acomoda física e espiritualmente, da melhor maneira possível, a bem compreender ou aprender os mínimos detalhes. Há então uma adaptação geral do corpo e do Espírito, desenvolvendo a tensão dos sentidos, dos movimentos, da mente, é uma tensão do Espírito e do corpo, numa total concentração de esforços.

- Se não houver interesse não poderá haver atenção.
- Muitos autores confundem interesse com atenção.
- Interesse, contudo, não é atenção, mas uma condição dela.
- Podemos dizer que o interesse é a atenção latente, a atenção é o interesse em ação.

6.1 PERTURBADORES DA ATENÇÃO

a) **Intensidade excitante**

A variação brusca de intensidade, a diminuição do timbre da voz no decurso de uma palestra, o silêncio, o tique-taque do relógio, despertam atenção.

b) **Hipertrofia**

Limitação do campo da atenção, nos casos de ideias fixas, que deixa a atenção acorrentada a uma única ideia, para a qual emerge toda a atividade mental.

Exemplo: Obsessão, êxtase, etc.

c) **Instabilidade/Distração**

No delírio, existe um ritmo desordenado no curso das ideias. Na embriaguez não existe capacidade de selecionar os estímulos, havendo indecisão.

A tendência para distrações é muito grande na infância. No começo da juventude caracteriza-se por uma fugacidade atencional, que cessa aos 15 anos, mais ou menos.

d) **Atrofia**

Estado mórbido, apresentado pelos dementes e retardados mentais. Não há atenção espontânea, nem voluntária a não ser esporadicamente, como "relâmpagos".

6.2 CLASSIFICAÇÃO DA ATENÇÃO

a) **Primitiva** (ou espontânea)

Aparece já nos primeiros dias de vida e é a forma elementar da atenção, que tem caráter passivo, dependendo dos estímulos exteriores (luz, som, tato, etc.).

Após 6 meses de vida, a atenção já apresenta uma forma ativa e se relaciona não só aos estímulos externos, mas também aos internos, relacionados aos estados de nutrição.

6

Continua, porém, volúvel e involuntária. São essas as características da atenção, ainda nas crianças de 4 a 8 anos.

b) **Voluntária**

Nas crianças de 9 a 11 anos, já notamos a atenção voluntária, derivada da atenção espontânea e como resultado da experiência da criança sobre o plano objetivo.

Até então os móveis da atenção da criança eram seus interesses imediatos. Daí em diante, novos motivos de ordem social e moral passam a dominar a atenção; sentimento do dever, noção de responsabilidade e obrigação, desejo de ser boa aluna, desejo de agradar aos pais, interesse em ser querida e admirada, etc.

Lentamente vai aumentando sua capacidade de esforço e domínio sobre a atenção e, com a juventude e poder de concentração, se organiza e se consolida definitivamente.

6.3 ATENÇÃO E FADIGA

Dissemos que a atenção consiste numa adaptação física e espiritual ao objeto. Essa adaptação representa desgaste de energia nervosa que, ultrapassando certo limite, se traduz em fadiga.

Para se verificar a condição de atenção de uma assembleia, basta olhar a atitude física dos ouvintes, se houver distrações de qualquer espécie, é porque o assunto já não consegue prender a atenção ou a duração da aula excedeu o limite atencional dos presentes.

6.4 MOTIVOS DA FADIGA

a) **Por desinteresse**

Pode ocorrer por atitudes antididáticas do evangelizador como, por exemplo: tom de voz, excessiva repetição (*né, tá, entenderam, psiu, então*, etc.), movimentação invariável ou parado no mesmo lugar sem gesticulações.

Ao dar sua aula, o evangelizador deverá observar o nível de distrações e assim saberá que o assunto tratado já não consegue prender a atenção das crianças. Neste caso, deverá mudar a didática para reabilitar a atenção.

b) **Por causas orgânicas/doenças**

É muito comum nos indivíduos anêmicos ou deficientes; nestes casos caberá a indicação e encaminhamento a tratamento médico, antes de tudo, e a dosagem do ensino limitado à capacidade física do evangelizando.

Observar se as crianças vêm para as aulas sem alimentação alguma.

Convém não esquecer: Estômago vazio não pensa. Saco vazio não para em pé.

Nos locais onde há a distribuição de lanches e sopa deverá ser considerado o horário em que elas receberão a alimentação, pois esta influenciará na disposição da atenção das crianças.

Lembremos sempre dos dizeres de Victor Hugo:

— *Mais triste do que ver um corpo sem alimento é ver uma alma finar-se por falta de luz.*

c) **Por condições ambientais**
Calor, frio, ar úmido, falta de ventilação, de iluminação, deficiência de acomodação, etc.

d) **Por substâncias que diminuem o nível da energia do organismo**
Álcool, estimulantes, drogas, medicação excessiva.

e) **Por tempo de atenção excessivo**
Há um limite para a resistência atencional na aula, embora a motivação possa levar a criança a uma atenção mais prolongada.

O período contínuo para manter a atenção fixa é de:

5 minutos	—	dos 0 aos 3 anos	—	Maternal
15 minutos	—	dos 4 aos 6 anos	—	Jardim
20 minutos	—	dos 7 aos 9 anos	—	Primário
30 minutos	—	dos 10 aos 11 anos	—	Intermediário
45 minutos	—	na idade adulta		

A atenção é fator fundamental de aprendizagem. Sem ela, seria ineficaz qualquer processo educativo. Uma das preocupações básicas, portanto, é a de desenvolver, aplicar e utilizar a atenção. Um dos maiores recursos para solucionar o problema é despertar o interesse.

Com o auxílio dos interesses naturais, poderemos provocar sua atenção espontânea, a fim de que, por meio dela, seja possível conduzir a criança, gradativamente, ao domínio da atenção voluntária.

Observação: Convém lembrar que o tempo de duração de cada aula é de 60 minutos para todos os ciclos, que podem ser divididos como segue:

5 minutos – preparação do ambiente com uma prece adequada ao ciclo (cantada ou o Pai-nosso)
50 minutos – desenvolvimento da aula e atividades para verificação e fixação do tema desenvolvido (desenho, jogos, dinâmica, dramatização, trabalhos manuais, etc.)
5 minutos – encerramento.

7. AFETIVIDADE

Afetividade é o conjunto de fenômenos psíquicos que se manifestam sob a forma de emoções, sentimentos e paixões acompanhados sempre de prazer ou desprazer, satisfação ou insatisfação, alegria ou tristeza.

Não se pode propriamente falar em classificação para os fenômenos afetivos, mas poderemos distinguir três espécies: emoções, sentimentos e paixões.

a) **Emoções**
São reações de prazer ou desprazer, com grande intensidade e pouca duração.
As emoções podem ser:

- **Egoísticas** — referem-se à conservação do Eu.
Exemplo: a alegria que experimenta o indivíduo sedento quando encontra, por fim, a água.

- **Ego-altruísticas** — referem-se à conservação da espécie.

  Exemplo: a alegria da mãe que dá à luz um filho.
- **Altruísticas** — inclinação à simpatia e ao convívio com os demais.

  Exemplo: a indignação revoltada ao saber do desabamento de um prédio por descaso da construtora, deixando centenas de pessoas sem lar, além da morte de outros tantos.

  As emoções estão intimamente ligadas aos instintos e tendências e são as formas mais primárias de afetividade.

b) **Sentimentos**

São estados afetivos agradáveis ou desagradáveis, mais brandos e mais duráveis que as emoções.

Toda a vida psíquica do homem, todas as suas relações com os seres, com a natureza e com a sociedade, são constituídas por uma delicada trama de sentimentos agradáveis e desagradáveis, que motivam sua conduta.

Não há ato humano que não seja acompanhado de sentimentos de prazer ou desprazer. Os sentimentos são a forma mais complexa de afetividade.

c) **Paixões**

É um estado tenso de prazer ou desprazer, de durabilidade proporcionalmente grande. A paixão gira sempre em torno de uma só ideia, podendo consistir numa pessoa, numa concepção religiosa ou política, num instinto ou tendência.

Tanto podemos encontrar a paixão política, paixão patriótica, guerreira, paixão mística, etc.

As paixões são as formas mais raras de afetividade e são, por excelência, a fonte da atividade criadora.

7.1 A CRIANÇA E A AFETIVIDADE

Toda criança relaciona-se com o mundo através de seus órgãos sensoriais e está apta a recolher do ambiente impressões que provocam diversas emoções, sendo algumas agradáveis, que lhe causam prazer, e outras ruins, que lhe causam insatisfação.

Muitas crianças não recebem com frequência razoável, estímulos e emoções positivas, tais como: curiosidade, alegria, prazer, amor e afeição.

Sofrem de carência afetiva, mal que lhes traz sérias consequências como, por exemplo, não atingir o desenvolvimento mental de que é capaz.

Estas crianças tendem a tornarem-se apáticas, aborrecidas, sem interesse, pouco imaginativas e frustradas de uma maneira geral.

A falta de elogios e recompensas pelos seus esforços realizados, tira da criança o prazer de ver reconhecido o valor de seu trabalho.

Desde que nasce, o bebê vai associando o prazer de alimentar-se, receber afagos ou sentir aliviadas suas dores ou desconfortos, com a presença de uma pessoa, normalmente a mãe, que tem por ele grande carinho, ao mesmo tempo que percebe quanto seu prazer depende dessa pessoa. E assim, desenvolve a dependência afetiva.

Toda criança precisa receber afeto constante e adequado.

É indispensável que a criança se sinta amada e querida, para que se desenvolva bem e seja bem ajustada emocionalmente.

Privada de carinho até os 5 anos de idade, a personalidade da criança estará afetada e os ajustamentos posteriores vão mostrar-se deficientes.

O período crítico para a falta de afetividade estende-se dos 6 meses até os 5 anos de idade.

A partir dos 2 anos a criança inclui a si mesma, seus brinquedos e pessoas entre os objetos de sua afeição.

Não distingue os objetos inanimados dos animados: é capaz de amar igualmente um membro da família, um ursinho ou um velho cobertor.

É nessa fase que define a forma de amor. Criança rejeitada, responde com comportamentos negativos. Se a experiência perdura, sua reação será tornar-se cada vez mais egocêntrica.

Aos quatro anos, inicia sua independência emocional em relação a outras crianças e adultos fora do lar.

Na escola aprenderá que demonstrações exageradas de afeto são muito infantis, e passará a controlar-se mais.

Importante, de fato, é a capacidade de afeto. Crianças capazes de estabelecer laços afetivos com outras pessoas recebem mais amor e estão aptas a retribuí-los.

Por isso, crescer em ambiente que possibilite experimentar alegria e afeição é decisivo para o equilíbrio emocional da criança.

Não podemos esquecer que os padrões de personalidade se desenvolvem nos primeiros anos de vida e mantêm-se imutáveis pela vida afora. Se nessa época se possibilitar à criança sentir alegria e demonstrar afeto com liberdade, esses padrões se estabelecerão e dificilmente mudarão na vida adulta.

O evangelizador deve esforçar-se por conhecer a afetividade da criança no próprio lar, investigando sempre quanto ao seu relacionamento com os pais e familiares.

É importante fazer com que a criança sinta-se sensibilizada com o que aprende na evangelização, despertando a sua afetividade para as coisas sublimes, divinas, que constam do valor do amor fraterno, da bondade, do altruísmo, incentivando-a desde cedo a ingressar nas fileiras do bem, sendo responsável, analisando os próprios atos e comparando-os aos modelos positivos.

8. CURIOSIDADE

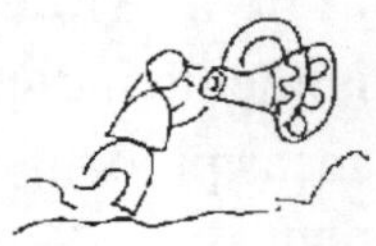

Uma das principais características da infância é a curiosidade.

As crianças não fazem suas perguntas por capricho, mas sim por uma necessidade imperiosa de seus Espíritos, em renovadas peregrinações na Terra.

A curiosidade infantil, bem afirma Claparéde, deveria deixar de figurar na lista dos vícios, para ser incluída na lista das virtudes.

Para o evangelizador, longe de constituir um mau sintoma, as perguntas das crianças devem ser olhadas com muita simpatia e devem ser usadas como um bom pretexto para educar, pois cada resposta poderá ser excelente lição evangélica que o espírito infantil, muito mais arguto e observador do que podemos calcular, assimilará e receberá como valiosa semente que germinará oportunamente.

6

A curiosidade possui uma época em que é mais intensa: dos 3 aos 7 anos. É essa fase a mais importante, na qual o evangelizador poderá, extraordinariamente, plantar nas crianças as sagradas virtudes cristãs.

Os **porquês** das crianças, em muitos casos, traduzem dúvidas e dolorosas inquietações dos seus Espíritos.

Não é indicado recusar respostas a quaisquer perguntas, por mais diversas que sejam; no caso de ter de responder sobre um assunto acima do alcance intelectual da criança, é prudente procurar recursos que possam satisfazer a sua curiosidade.

Se o evangelizador deixar de responder por pouco que seja, a criança ficará desmotivada a novas perguntas. O essencial é não mentir nem enganar.

Há sempre maneiras hábeis de dizer a verdade, ou em última análise, distrair a atenção da criança para outros assuntos e, via de regra, funciona devolver-lhe a pergunta:

— E você o que acha disso?

Aguçar a curiosidade é um dos meios mais propícios para despertar o interesse.

Na juventude, principalmente, é muito importante a questão da curiosidade, pois que nessa fase (idade) o jovem tem sua atenção muito fugaz (tal estado termina mais ou menos aos15 anos).

O evangelizador deverá tornar as aulas motivadoras, bem como provocar perguntas e situações de modo que os jovens sejam convocados a participar da aula, ficando assim em expectativa constante e contribuindo com um maior contingente de curiosidade que pode ser definida como “vontade” de conhecer o novo, “busca da novidade”.

8.1 ALGUMAS MANEIRAS DE AGUÇAR A CURIOSIDADE

a) **Através de narrativas / histórias**

Na infância é extraordinário o efeito das histórias. Na juventude, o efeito dos “Fatos Verídicos”, possui maior mérito de atrair sua curiosidade.

b) **Através de movimentação**

Especialmente indicado para crianças de 7 e 8 anos.

As crianças preocupadas em fazer um desenho, em realizar um projeto, hão de se agitar. Esses movimentos são verdadeiros excitantes para que a toda hora lhes renasça um novo interesse para o estudo em curso.

c) **Através da surpresa e do mistério**

A curiosidade sempre se aguça na criança quando ela tem de descobrir qualquer coisa escondida.

Basta que o evangelizador, por exemplo, querendo encaminhar a lição para certo sentido, mostre um embrulho ou simplesmente coloque as mãos às costas e indague:

— O que eu tenho escondido aqui? — para que logo toda a turma tome interesse na descoberta.

d) **Através da visão**

Nas excursões, o renovar constante da paisagem desperta a curiosidade dos educandos, favorecendo e ensejando a aprendizagem.

Por isso, os modernos “clips” são tão atrativos ao gosto dos jovens, pelas mudanças rápidas e constantes das cenas.

As gravuras também atraem a curiosidade das crianças que assimilam muito dessas imagens visuais.

Assim, o evangelizador deverá elaborar os quadros da história de maneira atrativa e colorida, revelando pela visão imagens que ficarão gravadas em suas memórias.

8.2 ORIENTAÇÃO EDUCACIONAL QUANTO À CURIOSIDADE

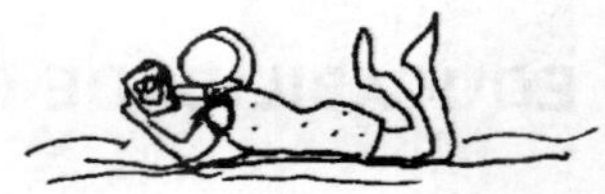

Um dos primeiros cuidados do evangelizador deverá ser o planejamento do assunto/tema de tal forma que, buscando a variedade, possa atrair a curiosidade constante.

Tanto para a infância como para a juventude, deve-se aplicar a regra de manter o auditório o mais curioso possível.

Sempre que a exposição estiver caindo em monotonia, o evangelizador obterá bons resultados se mudar o assunto, contando um fato ou uma breve história, ou ainda, fizer algumas perguntas. Enfim, o êxito de uma aula estará sempre na possibilidade de argumentar de modo a melhor atrair a curiosidade das crianças e dos jovens.

9. INSTINTO

Instinto é uma reação espontânea, motivada por uma necessidade interna, de organização invariável e suscetível de adaptação ao meio.

Apesar de Aristóteles ter-se referido às atividades instintivas, foi somente no século XVIII que a questão assumiu a forma sistemática.

A psicologia behaviorista (Behavior) nega a existência do instinto, explicando-o como cadeia de reflexos forçados pela repetição de situações idênticas.

Porém, a maioria dos psicólogos defende a existência de um tipo de reação chamada Instintiva, que atua como fator de motivação profunda das necessidades e interesses humanos.

Pelo conhecimento da Doutrina Espírita, sabemos que é uma característica arquivada nos idos da nossa vivência no reino animal.

9.1 CARACTERÍSTICAS DO INSTINTO

a) **Espontaneidade**

O instinto se produz independente da aprendizagem.

Exemplo: O pássaro que voa, a criança que mama, o pato que nada, etc.

b) **Necessidade interna**
Motivos representados pelas tendências e não por aprendizado.
Exemplo: A criança curiosa que mexe em objetos dos adultos, apesar das proibições.

c) **Uniformidade relativa**
Atos e movimentos da mesma espécie.
Exemplo: As crianças que brincam da mesma maneira; a mesma forma de caçar dos felinos, etc.

9.2 EDUCABILIDADE OU ADAPTABILIDADE

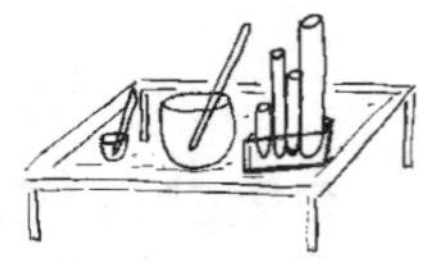

Existe a possibilidade de os instintos serem modificados por meio de hábitos ou da inteligência.

Exemplo: O instinto exploratório transformado em descoberta científica; o instinto gregário utilizado para modificação de comportamento.

9.3 CLASSIFICAÇÃO DOS INSTINTOS

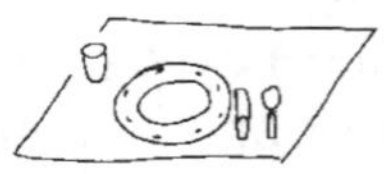

São inúmeros os instintos. Apresentamos aqui, os que mais influenciam na conduta humana:

a) **Instinto gregário**
Busca da companhia dos semelhantes.

b) **Instinto de nutrição e reprodução**
Comer, beber, eliminar e reproduzir.

c) **Instinto de vocalização**
Construção da linguagem articulada que lhe serve como meio de expressão.

d) **Instinto lúdico (brincar)**
Contribui para o equilíbrio das emoções. Aqui entra a competição.

e) **Instinto de investigação ou curiosidade**
Conduz o homem à pesquisa e à exploração. Este instinto é um dos mais importantes da personalidade, quer no sentido social ou da civilização.

f) **Instinto criador**
Impulso de produzir elementos novos. Criatividade. Desde cedo o ser humano se interessa por tudo aquilo que é fruto de sua própria iniciativa.

g) **Instinto de imitação**
Reprodução de movimento.
Exemplo: Uma criança vê outra fazer careta. Sua tendência é imitar.
O Evangelho é a ferramenta mais importante e preciosa que o evangelizador dispõe para a educação dos instintos, possibilitando a modificação dos instintos deturpados, e muitas vezes precoces.

O GRANDE TRABALHO DO EVANGELIZADOR É AUXILIAR A TRANSFORMAR EM "HOMEM ESPIRITUAL" (MOVIDO PELAS VIRTUDES) O "HOMEM ANIMAL" (MOVIDO PELOS INSTINTOS).

6

A tarefa do evangelizador é fazer com que a criança conheça a si mesma, analisando-se, tirando conclusões a seu respeito, corrigindo atitudes, canalizando energias deturpadas, esforçando-se para vencer más inclinações, iniciando desde cedo sua reforma íntima.

Os maus instintos, as más tendências, não podem ser extirpados repentinamente, mas substituídos gradativamente por hábitos sadios e altruístas.

A repressão excessiva do instinto causa desajuste. A tarefa do evangelizador está em auxiliar a criança portadora de perturbações derivadas do instinto deturpado e precoce, na transformação do "homem velho" de encarnações passadas e obscuras.

De uma encarnação para outra, o Espírito traz sempre os instintos principais, de vida, necessários à nova etapa encarnatória, qual roupagem própria para o ambiente a ser enfrentado.

Mas, além dos instintos ainda necessários à vida neste planeta, traz também os fardos de inferioridade, de instintos grosseiros, que devem ser trabalhados com a ajuda dos pais e educadores, orientando-o para uma vivência espiritual e cristã.

A finalidade da vida é a glorificação de Deus nas almas. Deus é amor. O caminho do homem é deixar a vida instintiva pela espiritual, buscando o conhecimento do Plano Divino.

10. MOTIVAÇÃO – CONCEITO E DEFINIÇÃO

Segundo os educadores, o problema mais importante do ensino é a motivação.

Na maioria das vezes, a dificuldade na aprendizagem é apenas fracasso na organização da motivação.

Motivação é ação de tudo aquilo capaz de impelir uma pessoa a determinado comportamento. Há motivação quando o indivíduo reage, mudando seu comportamento diante de um fato.

☞ **Somente a motivação leva à ação.**

Mesmo havendo interesse na criança, somente um estímulo resultará em ação. Motivo é a predisposição para determinado comportamento, que o indivíduo desenvolve para satisfazer suas necessidades.

A criança é um mundo de energias e, para dar vazão a essa energia, tem necessidade de múltiplas atividades lúdicas, inúmeras formas de ação. É nas atividades que ela manifesta suas tendências e inclinações naturais.

Quando utilizamos atividades dinâmicas com as quais o educando espontaneamente se afina, imediatamente surge uma reação ativa, em que a criança aplica-se naturalmente à aprendizagem.

10.1 O QUE É MOTIVO? O QUE É MOTIVAÇÃO?

Normalmente, as pessoas andam pela rua com passos regulares. Quando alguém surge correndo, imediatamente indagamos:

6

— Qual o motivo?

Do mesmo modo, uma criança reage dentro de uma sala de aula com um esforço que pode ser aumentado, vitalizado, com um rendimento muito maior para a aprendizagem.

Quando tal acontece, dizemos que houve motivação, que o trabalho escolar está motivado. Houve um esforço vitalizado, em oposição ao esforço sem interesse, que não promove a atividade espontânea do aluno.

Normalmente a criança tem certo interesse, mas falta-lhe alguma coisa para levá-la à ação — falta a motivação.

O trabalho escolar está motivado quando satisfaz uma necessidade do educando, visando um fim que ele deseja atingir ou dando alguma capacidade que ele deseja possuir.

A criança tem necessidade de atividade, de jogos, de brinquedos por suas tendências e inclinações naturais.

Se nos servirmos de um jogo para dar uma lição, estaremos fazendo com que o motivo fundamental da alma infantil (atividade lúdica) entre em ação e ela, então, espontaneamente, se aplicará à aprendizagem, que estará assim motivada.

Às vezes, o fim que uma criança deseja atingir é um e o objetivo do professor, outro.

A habilidade do mestre consiste em relacionar duas coisas, de modo que a criança, aprendendo essa relação, agirá prazerosamente e ambos os objetivos serão atingidos.

A criança que vem às aulas, não tem interesse especial pela moral evangélica, mas gosta de jogos, histórias, gosta do professor e por ele aceitará as lições, ouvindo-as e aprendendo-as.

Compete ao educador procurar conhecer os motivos dos educandos.

CHAMA-SE MOTIVO A CONDIÇÃO INTERNA QUE LEVA O INDIVÍDUO À AÇÃO. O OBJETIVO SERIA A CONDIÇÃO EXTERNA, CAPAZ DE SATISFAZER UMA NECESSIDADE DA PESSOA.

Quando um motivo entra em ação, há um verdadeiro desequilíbrio psíquico, a pessoa deseja ardentemente uma coisa e busca os meios de atingi-la.

O educador deve aproveitar essa disposição de atividade e norteá-la para atingir seus próprios objetivos: **a aprendizagem.**

Se uma pessoa está com fome (motivo em ação), ela se movimenta para encontrar o alimento, que é o seu objetivo, que satisfará uma necessidade.

Algumas pessoas trabalham por amor, mas a maior parte delas trabalha para conseguir dinheiro com que comprar alimento, roupa, etc., conforme o motivo que determina a sua atividade.

Algumas vezes a pessoa está sob ação de diversos motivos que entram em choque.

Por exemplo, a criança quer brincar, mas sabe que deve fazer a lição, porque a vontade de agradar aos pais ou ao professor o determina; ela agirá de acordo com o motivo mais forte, mas a escolha será sempre dela.

Outras vezes, o motivo encontra obstáculos à sua satisfação.

A não-satisfação de um motivo é o que chamamos frustração; o indivíduo não pode satisfazer o motivo nem renunciar a ele.

Os adolescentes, geralmente, têm motivos que para eles são importantes, mas que, para os adultos, são insignificantes, e por isso não lhes permitem satisfazê-los; tal atitude os leva à frustração.

10.2 FONTES DE MOTIVAÇÃO

Conhecendo a importância da motivação, indagaremos: onde buscar elementos para motivar as crianças para nossas aulas? São inúmeras as fontes de motivação:

a) **A vida da criança e do jovem**

Devemos nos aproximar das crianças, saber seus desejos, sua situação familiar. Para isso, é muito importante o encontro entre pais e evangelizadores, quando é possível conhecer os motivos fortes que determinam a conduta dos evangelizandos.

É importante que a atividade em sala se relacione com a vida comunitária da criança, essas atividades devem satisfazer os anseios dela e terem grande dinamismo, requerendo a sua atenção.

Crianças de ambientes e classes sociais diversas não dão o mesmo valor a idênticos objetos. É preciso que o educador conheça seu ambiente, motivos, valores e intenções para não perder-se no desenvolvimento do programa.

Todo conteúdo deve ser significativo para as intenções da criança, pois muitas vezes ela se desmotiva por não encontrar um objetivo real para sua permanência no grupo.

b) **Instintos e tendências**

São motivos muito fortes na aprendizagem. A tendência para as artes, como música, pintura, etc., favorece imensamente o ensino dessas disciplinas.

c) **Atividade lúdica**

Deve-se aproveitar o jogo (o brinquedo) e utilizá-lo como meio de aprendizagem. É necessário, porém, relacioná-lo estreitamente com o assunto ou atividade de aprendizagem, sem o que o jogo se limita a um simples elemento de recreação.

d) **Hábitos**

"O hábito é uma segunda natureza" — A criança que tenha bons hábitos será mais facilmente educada. O hábito do trabalho facilita a execução de qualquer tarefa.

e) **Contos, histórias e dramatizações**

São outra chave de motivação incalculável. A história é um grande recurso de evangelização. Os trabalhos em grupo, dramatização, excursões e festas são fontes de motivação que poderão ser utilizadas com grande proveito, a fim de que a aprendizagem seja eficiente.

O interesse por histórias cujos personagens são animais (bichinhos) vai até mais ou menos 6 anos; dos 7 aos 10 anos o interesse é maior por histórias cujos personagens sejam crianças e adultos; a partir dos 11 anos preferem as histórias verídicas, românticas, biografias, aventuras e ficção.

Pequenos incidentes como brigas entre colegas, intrigas, amizades, geram assuntos que canalizam o interesse e a curiosidade para serem aproveitados em ensinamentos de valor evangélico.

Com esses recursos todos, teremos uma infinidade de valiosos estímulos que, bem aplicados, levarão, fatalmente, a criança a agir, aprendendo sem coação com a ilusão de inteira liberdade, obedecendo a um plano previamente traçado para a formação de uma consciência moral e cristã.

10.3 ESPÉCIES DE MOTIVOS

a) **Orgânicos**

São exigências fundamentais que fazem parte das condições biológicas: respiração, nutrição, eliminação de resíduos, instinto sexual. Devemos dar a este instinto uma orientação positiva, visto que o sexo não é a finalidade principal como propõe a cultura atual. Bem dirigido é uma fonte de harmonia e saúde para o corpo, uma força poderosa de atração para reajustes de experiências nocivas do passado, além do seu papel de preservação da espécie.

b) **Repouso**

É um motivo que deve ser obedecido: em uma aula não exceder o tempo regulamentar, porque a fadiga, como um meio de defesa, sobrevém.

c) **Motivos objetivos**

Gosto pela exploração, pela manipulação: a criança gosta de ver, de desmontar brinquedos, tem curiosidade. Gosta da vida, de tudo que a rodeia.

d) **Propósito**

Chama-se propósito a atitude mental do indivíduo, disposição para agir num determinado sentido.

Há um lema dos positivistas: "hei de vencer", que traduz uma disposição mental para a ação. É um motivo importantíssimo. Quem enfrenta e se movimenta na ação, vence melhor os obstáculos.

O evangelizador deve desenvolver na criança esse propósito de vencer, não exigindo demais, sendo tolerante, enérgico e altruísta.

e) **Psicológicos**

São importantíssimos, dizem respeito aos nossos sentidos e emoções. Quem não conhece a força dos motivos como a cólera, o ódio e a paixão? A criança motivada por essas emoções deve ser tratada com cautela.

O **não** deve ser ação. Outro motivo importante, o maior de todos, é o amor; sob a motivação do amor constroem-se hospitais, asilos, creches e uma infinidade de obras em que a solidariedade humana faz coisas maravilhosas.

f) **Interesses**

Quando estamos interessados, prestamos atenção; quando estamos interessados, arranjamos tempo, jeito e disposição para realizar qualquer trabalho. Conhecer a psicologia dos interesses, seu desenvolvimento, é imprescindível para o educador que deseja eficiência no ensino.

Os interesses estão ligados aos motivos e também a fatores como idade, sexo, ambiente.

g) **Incentivos**

Vimos que os motivos em ação levam à aprendizagem. Precisamos, porém, saber que há condições externas capazes de favorecer, auxiliar a ação dos motivos. São os incentivos como, por exemplo: elogios, carinho, prendas, recompensas, etc. O cuidado está em usar o incentivo não como fim, mas como meio e sempre de forma dosada e equilibrada.

h) **Elogios e recriminações**

São também armas do professor. Entre 5 e 8 anos de idade, a criança é mais sensível aos elogios; entre 9 e 10 anos, dá mais valor à recriminação como elemento de motivação.

O elogio ou recriminação tem mais significado quando é feito por pessoa que tenha autoridade perante a criança.

Ambos devem ser usados com cautela, pois são armas de dois gumes.

Repreender demais é tão perigoso quanto elogiar demais, porque se o primeiro pode levar à revolta ou ao desalento, o segundo pode gerar o descrédito, se não for feito com critério.

Há formas mais adequadas de elogiar. Costumamos fazer críticas detalhadas e elogios vagos, do tipo "você é uma criança maravilhosa". Esta observação produz brilho temporário, que logo desaparece.

Precisamos ser específicos. Em vez de dizer: "você é tão corajoso", dizer: "como você foi corajoso quando caiu e levantou-se para continuar a brincar".

Todos temos uma **"zona vulnerável"**, onde o elogio acerta em cheio porque está relacionado a algo importante para cada um de nós.

Tendo em vista que a criança não pode absorver tudo de uma só vez, faz-se necessário **dosar os elogios em quantidades pequenas, mas frequentes**.

Dez sessões de elogios de um minuto cada uma são muito mais eficazes do que dez minutos seguidos de elogios de uma única vez.

i) **Competição e rivalidade**

A criança gosta de competir, por isso gosta tanto de jogos. Ela deve, entretanto, saber que há um limite às suas possibilidades, que tem de aprender a perder.

A competição é extraordinário fator de motivação.

A divisão do ensino em ciclos visa levar a criança a vencer obstáculos, aos poucos.

11. FRUSTRAÇÃO

A reação de um indivíduo frustrado, às vezes, é desprovida de raciocínio, como: cólera, raiva, agressividade, próprio da criança cuja ansiedade impotente deixa-a insegura, infeliz, desamparada e com possibilidade de regressão — a criança de 8 a 10 anos volta a chupar os dedos.

a) **Falta de raciocínio**

A criança atira-se na agressividade, cólera, raiva.

b) **Ansiedade impotente**

A criança fica insegura, infeliz, desamparada.

c) **Desculpas**

Toda vez que o indivíduo se sente frustrado ele tende a desculpar-se (as uvas estão verdes) ou a lançar a culpa sobre alguém (que o digam as mães sempre culpadas dos malogros dos adolescentes).

d) **Substituto**

Há também um processo de procurar um substitutivo à frustração — às vezes, planejou-se muito alto e então, só olhando mais baixo, pode-se recuperar a confiança em si.

e) **Sublimação**

Outras vezes haverá a sublimação — desvio para as aplicações úteis. Exemplo de mulheres impossibilitadas de terem filhos, que então passam a se dedicar a creches e orfanatos, ou adotando crianças.

f) **Compensação**

Defeitos físicos podem levar a atividades intelectuais e artísticas.

De qualquer forma sabemos que é impossível satisfazer a todos os motivos e evitar os conflitos na alma infantil.

O papel do educador é saber ajudar a criança a resolver seus problemas, de modo que ela não se torne desajustada.

É preciso haver cooperação mútua, trabalho em grupo, enfim, a socialização da criança.

O educador deve olhar a criança desajustada com simpatia e compreensão, evitando uma atitude de superioridade, e deixá-la escolher livremente uma conduta melhor; dar oportunidade para que fale sobre seus próprios problemas e analise-os ela mesma.

"A maior das maravilhas não é conquistar o mundo, mas poder dominar a si mesmo."

Schopenhauer

AULA

7

REFLEXÃO

"O importante não é o tamanho do trabalho que você faz, e, sim, o tamanho do amor que você colocar no trabalho que decidiu fazer."

7

Características Biopsicossociais das Crianças

1. A CRIANÇA

Para realmente ajudar a criança, o evangelizador tem de conhecer e compreender os problemas com que ela se defronta em seu desenvolvimento no lar e na comunidade.

Não é fácil conhecer os meandros psicológicos, sociais, emocionais e familiares das crianças com as quais vamos trabalhar no centro, em tão curto espaço de tempo, portanto, o evangelizador deverá apreciar os aspectos particulares de cada criança, canalizando seu tempo e a sua atenção na busca do sentimento dos evangelizandos e entender que não deve apenas "transmitir conhecimentos" ou "cumprir o programa".

O ensino na Evangelização Infantil constitui-se de um programa especial, onde se levará em conta o amor, a compreensão e a dedicação aos evangelizandos.

A presença do evangelizador na sala antes da chegada das crianças, sua atenção voltada inteiramente a elas, recebendo-as, cumprimentando-as e conversando com elas desde o momento em que entram no Centro, permitirá o conhecimento de cada uma e os porquês de suas atitudes, desenvolvendo a compreensão e a aceitação por parte de todos os voluntários.

Por isso é tão importante que o evangelizador esteja disponível em sua turma, sem a preocupação de terminar de preparar a aula ou distrair-se com conversas com outros evangelizadores, dando as costas para as crianças e deixando a turma sem direção, por sua própria conta, perdendo assim um tempo precioso de contato e conversa com elas.

Esta atitude trará agravo de responsabilidade frente a sua própria consciência de evangelizador, que perceberá tarde demais que poderia ter sido mais amigo das crianças.

Relacionamos a seguir alguns aspectos importantes para compreendermos os evangelizandos:

1.1 INFORMAÇÃO SOBRE AS CRIANÇAS

O evangelizador deverá buscar o maior número possível de informações sobre cada criança, seus problemas e dificuldades mais comuns, fazendo isso através de uma pequena entrevista com cada uma. Com este procedimento será possível alcançar soluções adequadas e o conhecimento de problemas e dificuldades.

Aproveitar o tempo de espera da aula e organizar "entrevistas" com as crianças, podendo preencher os dados de uma ficha, dividindo as crianças em grupos para cada semana. O critério poderá ser por ordem alfabética, por ordem de chegada, etc. Ir conversando com elas amigavelmente. Permitir que elas também nos perguntem coisas que gostariam de saber, fará aproximar evangelizando de evangelizador, principalmente nos ciclos do Primário e Intermediário.

O evangelizador deverá conversar muito para compreender as crianças, esforçando-se para conhecer os anseios, necessidades, desejos e objetivos que as trazem ao Centro.

7

1.2 CONHECIMENTO DA MATURIDADE E IDADE CRONOLÓGICA DA CRIANÇA

É importante o conhecimento da capacidade de aprendizagem da criança.

É inadequado dar à criança uma tarefa quando não se tem certeza de que ela terá tempo e capacidade para ultrapassar os seus limites, por exemplo: dar um desenho para recortar a uma criança de dois anos. Também é inadequado quando lhe são dadas tarefas que não representem qualquer desafio, por exemplo: oferecer um quebra-cabeças de duas peças a uma criança de 10 anos.

Quanto maior o conhecimento sobre as características do grupo e de cada criança, mais rápido será possível alcançar a solução adequada, fruto da experiência, pesquisa e comunicação.

1.3 TALENTOS E EMOÇÕES

As aulas devem ser preparadas de tal forma que permitam ao evangelizador proporcionar tarefas e atividades que desabrochem e equilibrem emocionalmente as crianças. Atividades que despertem a alegria, o gosto pelo belo, que desenvolvam a capacidade de descobrir seus talentos. Oferecer atividades diversificadas, que sejam adequadas a cada criança, conforme a faixa etária.

1.4 INTERESSE E APTIDÕES

O evangelizador deverá conhecer os interesses, gostos e aptidões das crianças, estudando e analisando a estrutura social do grupo para desenvolver os temas e as aulas segundo as situações indicadas.

De qualquer forma, o Evangelho não faz distinção e nem precisa sofrer adaptações a qualquer meio social. Ele é perfeito em si mesmo, o cuidado estará sempre nas colocações de exemplos e situações de vivências.

1.5 REAÇÕES DE AJUSTAMENTO

Ao observarmos as crianças, podemos notar alguns comportamentos que são reações à frustrações ou conflitos. Essas reações são chamadas de ajustamento, quando a criança busca de alguma maneira compensar o sofrimento causado pela frustração ou pelo conflito.

- **Frustração**

  Quando há impedimento para realizar os objetivos, diz-se que há frustração.

  A criança reage, quando frustrada, da seguinte maneira:

  a) Agressão — Física ou verbal.

  b) Fuga — Do ambiente ou do contato.

  c) Devaneio — Satisfaz-se com a imaginação.

  d) Regressão — Mudança de comportamento, voltando no tempo.

e) Repressão — Esquecimento seletivo de experiências desagradáveis.
f) Projeção — Culpar os outros pelas próprias falhas.
g) Compensação — Transferência da satisfação para outras coisas.
h) Racionalização — A criança ilude-se quanto ao verdadeiro motivo da frustração.

- **Conflito**

É a consequência de situações agradáveis e desagradáveis entre as quais o indivíduo deve escolher. Essas situações são incompatíveis simultaneamente.

Todo conflito gera ansiedade.

A ansiedade é uma reação emocional intensa. É um misto de medo, apreensão e esperança frente ao futuro.

A criança perturba-se, tornando-se impulsiva.

1.6 DESENVOLVIMENTO MENTAL

Começa quando a criança nasce e termina na idade adulta, evoluindo na direção do equilíbrio final, representado pelo Espírito adulto.

O desenvolvimento, portanto, é o equilíbrio progressivo, passando de um estado de equilíbrio menor, para um estado de equilíbrio superior.

Assim, sob o ponto de vista da inteligência, é fácil entender a diferença entre instabilidade e incoerência próprias da criança, em oposição à sistematização e o equilíbrio do adulto.

O desenvolvimento orgânico da criança, ao atingir o máximo de sua evolução ascendente, tende a regredir pela velhice. As funções superiores da inteligência, porém, tendem a adquirir um equilíbrio, conduzindo ao progresso espiritual constante.

O desenvolvimento mental é uma construção contínua comparável à edificação de um grande prédio que, à medida que se acrescenta algo, ficará mais sólido.

Sabe-se que a criança não é "um pequeno adulto", seus interesses variam de um nível mental para outro e sua receptividade assume forma diferente de acordo com o grau do desenvolvimento intelectual.

Disto decorre que não podemos utilizar com as crianças os mesmos recursos que utilizamos com adultos.

(Obs.: Ver mais detalhes na aula 4 - "Noções de psicologia educacional")

2. CARACTERÍSTICAS E NECESSIDADES BIOPSICOSSOCIAIS DO MATERNAL (DO NASCIMENTO AOS 3 ANOS)

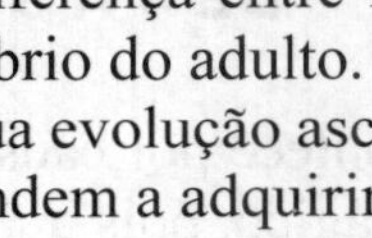

2.1 DE 0 A 4 MESES

A criança não sabe distinguir entre a mãe e si mesma. A mãe constitui uma parte da criança (simbiose).

7

A diferença da mãe se patenteia, sobretudo, no período do desmame.

O choro é uma das atividades mais importantes dos bebês, compreendendo uma vasta e complexa série de funções e significados (necessidades fisiológicas, desejos, desconforto, dor, falta de carinho, etc.). O comportamento é reflexo e instintivo (choro, sucção, etc.).

Descoberta das mãos. A criança se desenvolve de maneira ativa com as coisas do mundo que a cercam, quando se torna capaz de estender as mãos, pegar e manejar objetos. Ouve sons e percebe de onde vêm, querendo buscá-los, assim como a luz.

O desenvolvimento mental do recém-nascido e do lactente é extraordinário e marcante. A psicologia mal suspeitou, por muito tempo, da importância deste período: a criança conquista através da percepção, do toque, dos afagos e dos movimentos (assimilação sensório-motor), todo o universo prático que a rodeia, tudo que ela vê e sente em torno de si.

O recém-nascido reage à luz, seu sistema muscular relacionado aos olhos entra em funcionamento logo ao nascer. A princípio, os movimentos dos seus olhos não são coordenados e seu olhar é fugidio, mas dentro de poucas semanas, torna-se capaz de controlar os movimentos dos olhos e fixar a vista num objeto.

O recém-nascido anseia por expressões de carinho.

É a fase dos reflexos (instintos e emoções) que caminha para as percepções e hábitos. A criança segue com a cabeça os movimentos e os sons, suga o dedo, manipula objetos.

2.2 DE 4 A 8 MESES

Tudo acontece por causa dela. Os objetos que saem do "seu" campo de visão deixam de existir. Sente-se um mágico, pois quando o objeto aparece, foi ela que o fez aparecer. Sacode o chocalho para ouvir o barulho (e adora). Alcança, agarra e joga os objetos no chão repetidas vezes. Interessa-se pela ação do que faz, observa por um tempo um pouco maior no que está mexendo.

2.3 DE 8 A 12 MESES

Começa a perceber as coisas (objetos) e não mais a si mesma como causa.

Percebe que as coisas acontecem apesar da sua vontade. Vai em busca do objeto que saiu do seu campo de visão.

Tudo o que ocorre com ela, será repetido várias vezes, de forma variada.

Gosta de brincar no chão com brinquedos coloridos, que emitem sons; as bolas são muito apreciadas.

2.4 DE 12 A 24 MESES

Na fase que vai do nascimento até os 2 anos, a criança centraliza-se no seu corpo (egocentrismo).

Imita os acontecimentos num esforço para compreender o que acontece: "dormir", "comer", "tomar banho", etc. É possível e aproveitável, neste período, a utilização de histórias e/ou jogos onde a criança, através da imitação, desenvolva hábitos de higiene, alimentação, etc.

Sua comunicação é basicamente por meio de gestos. Quando chora e sua mãe se aproxima, aponta o objeto, como se o desejasse; a mãe o entrega, ela sorri.

Um tambor faz um sucesso na vida do bebê.

Interessa-se por jogos de construção com cubos coloridos de madeira.

Atinge a fase da inteligência sensório-motora, onde suas ações têm por objetivo alcançar um fim, como puxar a toalha para pegar um objeto.

2.5 DE 24 A 36 MESES

A criança "compreende" o sentido da palavra, antes de poder usá-la. Quando lhe perguntam:

— *Onde está a mamãe?*

Ela se volta e encara a mãe.

Com o aparecimento da linguagem propriamente dita, compreende que a comunicação se faz mais através das palavras do que pelos gestos.

A colaboração é pequena, ainda gosta de ser o "centro do universo".

Conhece e também tem habilidade em distinguir frente, atrás, em cima, embaixo.

Tenta reproduzir atitudes dos adultos. O bolo de areia é igual ao que a mamãe faz.

Sobe e mexe em tudo, exigindo muita paciência e atenção por parte dos adultos. Para mantê-la ocupada por algum tempo é bom colocar perto dela, peças, argolas, bolas plásticas ou blocos de madeira colorida para encaixar.

Gosta de utilizar papel, cartolina, lápis e giz de cera, quadro-negro com giz colorido e brinquedos como trens, carros, bonecos, joão-bobo, etc.

As histórias devem conter elementos conhecidos e de seu interesse.

Para a criança com 3 anos a atividade motora está em primeiro plano.

O equilíbrio se desenvolve. A exploração sensorial e motora é intensa.

Melhora a coordenação de movimentos, na vertical e horizontal.

Pode andar de velocípede, jogar bola, correr, virar, saltar para cima, para baixo.

A criança nesta fase ainda é egocêntrica, mas começa a aceitar brincadeiras mais associativas em pequenos grupos.

Descobre-se a si mesma através dessa relação de igualdade, sente-se uma entre muitas.

3. CARACTERÍSTICAS BIOPSICOSSOCIAIS DO JARDIM (DE 4 A 6 ANOS)

3.1 4 ANOS

Nesta idade a criança apresenta grande atividade física. A exploração sensorial e motora prossegue com facilidade aumentada (pode correr, pular corda, patinar, andar de bicicleta, subir em árvores... "tudo ao mesmo tempo").

Tem facilidade em aprender a dançar, a executar exercícios e provas físicas (característica motora).

É capaz de comparar, tem percepção de ordem, forma e detalhe. O sentido do tempo se desenvolve.

O pensamento da criança se instala graças à linguagem, que é importante fator de contribuição ao desenvolvimento social, intelectual e emocional. O vocabulário ganha novas palavras, o que melhora sua comunicação e interação. Maneja o lápis com maior segurança e decisão. Distingue a mão direita da esquerda em si mesma. Ainda não possui pensamento lógico, possui apenas o pensamento intuitivo.

Torna-se mais sociável. É mais amistosa que hostil. Já tem sentido de grupo. Os desejos dos companheiros começam a ser respeitados, mas ainda ela está em primeiro plano. Surgem as primeiras regras nas brincadeiras, o acordo e a combinação prévia.

As discussões ou brigas são mais frequentes quando envolvem material ou propriedade individual.

3.2 5 ANOS

Tem maior controle dos músculos menores e tem consciência das mãos como desenvolvimento motor e melhor acuidade visual e auditiva. É muito ativa, o ritmo está bem desenvolvido. Começa a ganhar força.

A linguagem está completa, seus processos intelectuais são ainda concretos, mas começa a perceber símbolos semiabstratos e começa a deduzir. Gosta de recortar, picotar, ler livros, modelar.

Distrai-se com o ambiente que a rodeia, mas suas mãos podem continuar trabalhando enquanto observa os outros.

3.3 6 ANOS

Consegue organizar-se em grupos cada vez maiores. Está mais sociável. Faz questão de não parecer diferente do grupo, porém tem ciúme dos amigos.

Quando estimulada, reage melhor do que quando censurada.

Todos os aspectos do comportamento de uma criança, o físico, o intelectual, o emocional e o social têm igual importância para ela, todos, portanto, hão de ser levados em conta no planejamento das aulas e atividades.

A criança nesta idade é muito ativa, gosta de estar sempre ocupada, tem sede de movimento. Não para quieta.

Seu crescimento físico processa-se agora em ritmo menos acelerado do que nos primeiros anos de vida.

Suas habilidades motoras não se apresentam igualmente desenvolvidas. Enquanto exibe boa coordenação dos grandes músculos (sabe correr, pular, escalar, etc.), denota ainda pouco domínio sobre os pequenos músculos. Não tendo bem desenvolvida a coordenação motora fina, sente dificuldade em lidar com lápis e papéis pequenos e com objetos menores, em pegar uma bola que lhe é arremessada, em amarrar os cordões dos sapatos. É recomendável que os brinquedos para esta idade, além de resistentes, sejam grandes e simples. Pouco a pouco, porém, vai aperfeiçoando tais habilidades, chegando, no fim deste período, a vestir-se sem auxílio e a comer sozinha sem sujar tudo.

Os dentes de leite começam a ser substituídos por dentes permanentes. Mesmo no fim deste período, os ossos não apresentam calcificação completa. Tem coração e pulmões pequenos, em relação à sua altura e ao seu peso.

Cansa-se facilmente, tendo necessidade de períodos de repouso, embora venha, aos poucos, abandonando a sesta, o sono durante o dia dizendo que é coisa de neném.

Já aprendeu a utilizar-se do banheiro, podendo, ao entrar para a escola primária, atender sozinha às suas necessidades de eliminação.

Quanto ao aspecto intelectual, convém salientar, desde logo, o rápido desenvolvimento da linguagem que exibe, sendo espantoso, mesmo, o crescimento do seu vocabulário nestes anos.

Apesar da curta duração de sua atenção, o seu gosto em repetir as coisas, gradativamente, vai-lhe prolongando o interesse. Pode, por exemplo, ficar presa bastante tempo a uma brincadeira que a tenha atraído ou a uma vitrina fascinante, com bonecos animados.

Compreende cada vez melhor o ambiente que a rodeia e aprende a ceder a algumas das suas inúmeras exigências.

No começo desta fase, apresenta, com frequência, reações negativistas, mas, progressivamente, mostra-se capaz de aceitar as restrições e os limites necessários à vida em grupo.

Paulatinamente, vai descobrindo o que é comportamento aceitável e o que não se deve fazer. Interessa-se por tudo o que ouve, vê, pode cheirar, apalpar e provar o gosto. Tem prazer em experimentar, mexe em tudo, gosta de imitar a linguagem, os hábitos e as maneiras de ser dos que a cercam, brinca de dentista, de comidinha, etc.

SABOREIA A REPETIÇÃO, É CAPAZ DE FAZER OU DE DIZER, VEZES SEGUIDAS, A MESMA COISA.

Aprecia ruídos, sons, palavras, texturas, ritmos e cores.

Dá mostras de grande imaginação, que gira em torno do seu pequeno mundo, habitado inúmeras vezes, também, por personagens da sua criação. É a idade de um companheiro imaginário, um irmão que só ela conhece.

Gosta de inventar, de fazer coisas novas, identificando-se com os brinquedos, ora uma locomotiva, ora um trapezista, ora um médico, sempre a dramatizar com facilidade e alegria.

Compraz-se em cantar, dançar e em ouvir histórias a respeito de coisas que conhece, sobre outras crianças ou ela própria quando pequena, sobre famílias parecidas com a sua, animais domésticos e bichos do Jardim Zoológico, plantas, frutas, flores, veículos, etc.

Meninos e meninas brincam bem, pois têm interesses semelhantes.

É muito curiosa e faz perguntas infindáveis a respeito de tudo e de todos.

Principia a ter noção de tempo: manhã, tarde, ontem, hoje e amanhã.

Sente ainda certa dificuldade em distinguir o que é verdade do que não é.

Quando cansada, mostra-se desassossegada ou irritada, variando suas reações nesse particular não só de acordo com o seu temperamento, mas também com o grau de desenvolvimento emocional que atingiu.

Fica contente em ter amigos, não obstante brigue facilmente com eles.

Sente prazer em ficar perto do evangelizador e em ajudá-lo em pequenos serviços (varrer o chão, apagar o quadro, recolher os lápis).

Na sala, muitas crianças falam ao mesmo tempo; são barulhentas e gritadeiras; empurram e puxam as companheiras, chegando até a lhes arrancar os brinquedos.

Ao ver-se contrariada, chora, resmunga ou faz caretas. Não obstante, gosta de se sentir bem aceita e querida e de receber a aprovação do adulto, cuja companhia aprecia e de quem depende muito, necessitando do seu tempo, da sua paciência, da sua compreensão.

7

Comumente encontra frustrações, porque deseja fazer coisas maiores do que as suas possibilidades (físicas, mentais e sociais).

No que diz respeito ao desenvolvimento social, mostra-se ainda muito voltada para si mesma. "É meu! É minha!" são exclamações ouvidas a todo o momento.

Está começando, todavia, a aprender a partilhar os seus brinquedos e a atenção dos adultos, bem como a esperar a sua vez.

Começa a participar com prazer e desembaraço de brinquedos cantados e de jogos simples, e a cooperar com os companheiros em atividades atraentes, como pintura, colagem e construção.

É capaz de assumir alguma responsabilidade, desincumbindo-se a contento (e com relativa independência do adulto) de tarefas que estejam à altura das suas capacidades (levar recados, executar ordens simples, prestar pequenos serviços).

Já apresenta melhor coordenação dos movimentos. Aprende a pegar entre as mãos (e não de encontro ao peito) uma bola grande, lançada de pequena distância e a pular com certo desembaraço num pé só (ainda que por pouco tempo).

Começa a poder imprimir melhor direção aos objetos que arremessa e a "saber estar na brincadeira".

Mais do que em qualquer outro período da sua vida, vê-se na dependência do material que lhe é oferecido (ou permitido usar) para poder brincar e... crescer.

Tem necessidade de brinquedos que possa puxar e empurrar (automóveis e carros variados), de aparelhamento em que possa subir e deslizar (sobe-sobe, escorregador, escadas, balanços).

Precisa de água e areia para brincar, de bolas e saquinhos para jogar, de caixotes e cubos para fazer armações e dos chamados "quebra-cabeças" para reconstituir figuras.

Serve-se com prazer e razoavelmente bem de uma tesoura de ponta arredondada, de cola, papel, lápis (de cera e grafite), tintas, pincéis, argila, plastilina.

Aprecia uma casa de bonecas, utensílios domésticos em miniatura, material para brincar de loja, carrinhos, aviões, trens, caminhões, barcos, bonecos, bichinhos de plástico ou de borracha e uma maleta de roupas velhas e de acessórios (como luvas, cintos, bolsas e chapéus), para "ir ao baile" ou "viajar".

Necessita, ainda, para se desenvolver, de livros de figuras e de brinquedos simples de armar, apreciando muitas músicas e instrumentos musicais (gaita, apito, corneta...).

É importante que lhe sejam propiciadas muitas oportunidades de tomar parte ativa em brincadeiras livres, apenas fiscalizadas, discretamente, pelos adultos.

A criança aprende tudo com alegria, num ambiente especialmente planejado para oferecer-lhe experiências valiosas e infundir-lhe sentimentos de segurança emocional, bem como uma atitude de prazer em relação às atividades da Evangelização.

3.4 RESUMO DAS CARACTERÍSTICAS DAS CRIANÇAS DO JARDIM

- São ativas e barulhentas.
- Passam por uma fase de teimosia e querem ter razão.
- Atitudes extremadas para chorar e fazer cenas.
- São muito sensíveis quando sofrem castigos.

- Tendem a ser egocêntricas, dominadoras e teimosas.
- Esperam sempre aprovação de tudo o que fazem.
- Fazem questão de contar suas "fantasias/experiências".
- São prestativas e ficam felizes quando estão sendo úteis.
- Têm raciocínio pré-lógico — Baseiam-se nas suas fantasias.
- Têm curiosidade intensiva — Querem saber o porquê de tudo.
- Em geral estendem a admiração que sentem pela mãe ao evangelizador (a).
- Para sentir segurança trazem alguma coisa de casa para a escola ou vice-versa.
- Em geral, têm grande necessidade de expandir-se (atividades ao ar livre e de movimentos).
- Jogos que as estimulam, cantos e representações favorecem muito a sua socialização.

4. CARACTERÍSTICAS BIOPSICOSSOCIAIS DO PRIMÁRIO (DE 7 A 9 ANOS)

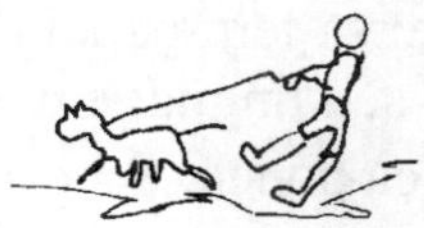

Visão de mundo

Começa a compreender a mentira. Enganar os amigos é considerado mais grave do que mentir para um adulto.

Precisa de limites que sejam claros e previsíveis.

Valoriza a ordem e a organização, em parte porque ainda não é madura o suficiente para criar e manter uma ordem própria.

Aprecia a rotina, a regularidade e os pequenos rituais.

Adora as boas causas, a cuja defesa pode se entregar com entusiasmo, sem ter a menor dúvida de que está do lado certo.

Acredita que os adultos estão de pleno acordo entre si sobre o que é certo e o que é errado.

É capaz de fazer escolhas, mas ainda não está preparada para fazer todas as escolhas. Em qualquer nova atividade que a criança tente, em geral, é de muita ajuda quando os pais demonstram plena confiança de que tal atividade realmente trará satisfação, e não deixam que a criança tome todas as iniciativas e decisões sozinha.

Experimenta um novo grau de independência, mas necessita de amparo e apoio firmes.

O sentido de moral e justiça na idade de 6 a 8 anos é ainda muito rígido, tudo tem de ser dividido por completo. Ninguém pode ficar com a melhor parte.

Relacionamentos

Deixa de ser egocêntrica. Surgimento de uma moral de cooperação e de autonomia pessoal.

Aprecia regras e instruções claras.

7

Participa de jogos com regras, controlando-se uns aos outros de modo a manter a igualdade frente a uma lei única.

Compreende "ganhar" (um jogo) no sentido coletivo: ser bem sucedido depois de uma competição com regras.

Tem condições de empenhar-se em resolver as dificuldades de se adaptar a um grupo, de dividir, de ver o ponto de vista das outras pessoas.

Dá crescente importância aos grupos (escola, times, turmas, amigos) e considera os adultos importantes na medida em que são necessários para que os grupos se mantenham.

Tem necessidade de estar segura da própria identidade, daí a separação decisiva que acontece na maioria dos grupos de crianças a maior parte do tempo: meninos brincam com meninos, e meninas com meninas.

Nesta fase surge interessante fato: o "monólogo coletivo"; a criança quando em grupo, se limita a apresentar afirmações contrárias, pois não sabe discutir.

A conversa tem papel de socialização da criança nesta idade, os palavrões e gírias são também utilizados na sua linguagem.

A criança pode começar a integrar-se a clubes ou associações que ofereçam atividades esportivas / recreativas.

Jogar futebol com o pai já não tem mais atração e isso é uma segurança contra um dos temores que se repete na infância — o medo de ser abandonada ou indesejada pelas demais crianças. As turmas, com suas regras e rituais podem proporcionar às crianças muitas alegrias e ser fonte de atividades diversas.

Desenvolvimento cognitivo

Início da construção lógica (o sistema de relações que permite a coordenação dos pontos de vista entre si).

Pensamento concreto.

Pensa concretamente sobre cada problema à medida que a realidade os propõe, e não liga suas soluções por meio de teorias gerais, das quais se destacaria o princípio.

As operações da inteligência são concretas, isto é, só se referem à realidade e aos objetos que podem ser manipulados.

O pensamento da criança só se afasta do real porque ela substitui os objetos ausentes pela representação. Por isto sente dificuldade em resolver problemas de matemática.

Raciocina mais facilmente manipulando objetos do que por explicação oral.

Seu raciocínio começa a ser abstrato; para que ela pense num objeto, não é necessário que o veja e o toque como quando seu raciocínio era absolutamente concreto.

Pensa antes de agir, começando a conquista do processo difícil que é a reflexão.

Possui concentração no trabalho individual e colaboração efetiva na vida comum.

Mantém a concentração por 20 minutos.

A criança, que já vinha treinando sua coordenação motora fina (mãos), está preparada para a alfabetização.

Seu vocabulário, já a partir dos 6 anos, é de cerca de 20 mil palavras, mas não as utiliza todas. Já possui a capacidade de colocar seu vocabulário a serviço de seu próprio mundo sensitivo.

A partir dos 7 anos, começa a colecionar objetos que lhe agradam: tampinhas, latinhas, moedas, adesivos, chaveiros, bonés, etc. Gosta de montar coleções, que cumprem diversas funções: unir ainda mais a criança a seu grupo de amigos; praticar a competição com segurança; aprender a trocar, negociar, comparar; sentir-se "muito rica" ao juntar uma grande quantidade de objetos; pode tornar-se um verdadeiro *expert* – capaz de organizar, listar e falar sobre suas coleções de forma meticulosa e cuidadosa.

A criança já tem noção de tempo (passado/presente/futuro). Conhece as horas e consegue raciocinar sobre elas. **Exemplo**: Perdi o ônibus, porque me atrasei 5 minutos.

Desenvolvimento físico

As transformações no corpo físico já iniciaram por volta dos 5 anos, os braços e as pernas se alongam, ficando maiores que o tronco. A fisionomia começa a ficar mais definida.

A criança pesa cerca de 25 kg e mede aproximadamente 1,25 m.

Seus movimentos de coordenação motora são firmes, coordenados, harmônicos.

4.1 RESUMO DAS CARACTERÍSTICAS DAS CRIANÇAS DO PRIMÁRIO

- O sentimento e a necessidade de viver em grupo são muito grandes — agora é a turma.
- Preferem formar grupo com outras crianças do mesmo sexo.
- As meninas acham brutos os garotos.
- Eles simplesmente ignoram as meninas.
- Têm interesse em sobressair-se entre os colegas e receber elogios.
- O raciocínio é lógico, baseado em fatos da realidade.
- A sua curiosidade é mais ordenada e dirigida que a do pré-escolar.
- Inicia o movimento de independência com relação à família.
- Valoriza a mãe e o pai no mesmo nível.
- A atitude com o evangelizador é muito parecida com a que costumam ter com a mãe.
- São muito flexíveis e sugestionáveis (os familiares devem prestar bastante atenção às amizades).
- Seus interesses são específicos a cada sexo:

  As meninas — Atividades calmas, brinquedos afetuosos, leituras de fantasia e romances, colecionar, comprar, vender e trocar.

  Os meninos — Atividades mais agitadas, brincadeiras mais agressivas, leituras de aventuras e heróis, colecionar, comprar, vender e trocar.

5. CARACTERÍSTICAS BIOPSICOSSOCIAIS DO INTERMEDIÁRIO (10 E 11 ANOS)

7

Visão de mundo

Época de transição, quando descobre que as regras da vida estão se tornando cada vez mais complicadas.

Começa a se dar conta de que o mundo é maior e menos reconfortante do que parecia ter sido até então. Esta descoberta pode fazê-la mudar de um estado para outro (ora parecendo confiante e à vontade, ora completamente perdida). A fragilidade e a insegurança podem ser um choque tanto para a criança como para seus pais.

Os padrões individuais de reação já estão definidos e a criança começa a reconhecer esse fato. É capaz de refletir sobre si mesma e de avaliar sua própria individualidade e capacidades particulares, e também de avaliar as dos outros.

Sente a necessidade de se reunir com seus pares e de deixar de ser tão dependente de sua família.

Precisa descobrir quem é, impor seus direitos, pensar no que quer para si mesma, no que sabe fazer bem e enfrentar o que não sabe e que tem que ser trabalhado.

Geralmente a "mãe" é a eleita para o desafio. É comum atitudes como, por exemplo, depois de demorar mais de meia hora na loja para escolher uma camiseta, o jovenzinho dizer à vendedora:

— Se a minha mãe gostar, posso vir trocar?

Tem ideias diferentes dos adultos sobre o que é certo e isso é um meio importante de organizar suas próprias concepções. Os pais que se chocam com as ideias mais arrojadas do filho ou que as desaprovam com rigor não o ajudam a formar uma visão equilibrada das coisas.

Relacionamentos

Fortalece amizades e torna-se muito mais independente.

Os amigos passam a ser não somente aqueles com quem brinca, mas, sobretudo, os que forem sinceros e constantes.

Fica arrasada quando se sente traída em questões importantes e o sentimento de solidão que se segue é intenso.

Pode rejeitar os esforços dos pais para serem amigos e protetores, preferindo a orientação de outras pessoas. O evangelizador deixará de assim ser, para transformar-se no amigo.

Necessita que os pais respeitem seus esforços para enfrentar os grandes desafios de um mundo agora maior e que permitam quedas sem serem superprotetores.

Os hobbies, em geral muito importantes nesta idade, podem às vezes parecer uma barreira entre pais e filhos.

Atividades como jogos eletrônicos (virtuais), podem ser uma maneira da criança se isolar do mundo, criando um lugar só para ela, livre dos adultos, onde se refugia dos problemas e preocupações que a afligem.

Necessita de pais tolerantes, que a protejam, bem como de desenvolver a capacidade de tolerar a própria sensação de ser pequena e de não conseguir enfrentar as dificuldades.

As meninas tendem a ter uma "melhor amiga", e os grupos surgidos são de "melhores amigas". Ocorrem trocas de melhores amigas, o que provoca grande sofrimento, mas proporciona o aprendizado do efeito de seu comportamento sobre os outros, e o deles sobre si.

Os meninos se reúnem para perseguir algum interesse e estão menos interessados na relação de uns com os outros do que no que estão fazendo.

Os meninos são competitivos, brigam uns com os outros. Às vezes são brigas físicas, outras são verbais.

7

Há muita lealdade, apesar de haver competição e rivalidade nos grupos de meninos. Os papéis costumam ser bem definidos como, por exemplo, o de líder. A rivalidade maior é entre um grupo e outro. Tanto grupos de meninos como de meninas mantém a harmonia à custa de inimigos externos.

Os grupos são importantes como espaços para a prática do relacionamento até os treze anos, quando tendem a se desfazer e se formam os pares.

Crianças que evitam o contato com outras às vezes se queixam de intimidação. É possível que tenham passado por experiências na escola que justifiquem essa crença. Outras que se queixam de ser intimidadas também podem ter intimidado no passado.

A autoconsciência crescente da criança de onze anos, considerada juntamente com a crescente ênfase no desempenho na educação e nos jogos competitivos, tende a fazer com que se comparem umas com as outras. Podem se desenvolver rivalidades dolorosas. Às vezes, a competição pode ser um estímulo a mais para que se empenhem, mas para muitas crianças provoca desespero e reforça a tendência para desistir.

Tendo prazer na independência e no sentimento de individualidade em desenvolvimento, muitas crianças de onze anos estão mais aptas a observar as outras pessoas e a refletir sobre elas. São muito mais tolerantes com as imperfeições do que eram até então, e ao verem amigos precisando de ajuda oferecem auxílio, com mais compreensão do que quando eram menores – a prestimosidade pode estar baseada em certa compreensão da situação do outro.

Gostam de fazer coisas juntas e têm mais capacidade de trocar ideias do que antes.

Experimentam as habilidades sociais da observação e da conversação.

Desenvolvimento cognitivo

Mudança intelectual: depois de terem aprendido as regras, começam a querer descobrir o que se oculta por trás das regras e a tentar resolver as coisas sozinhas.

Desenvolvem a capacidade de traçar planos, que poderá ajudá-las em situações futuras, confiantes de que têm força e coragem para lidar com elas.

A capacidade de traçar planos reduz a emoção de jogar certos jogos com os quais se empolgavam antes, tentando acertar na base da sorte.

Ao depararem com problemas que pareciam fáceis e perceberem que não são tão fáceis assim, algumas crianças podem se agarrar a velhos métodos como forma de fugir à pressão de entender regras mais complexas ou, ao contrário, deixar para trás os métodos conhecidos, como se eles não pudessem ter mais uso.

Têm preocupação com questões como justiça, que se manifesta como questionamentos às opiniões dos pais, de uma forma não desafiadora (como será na adolescência), mas seguindo um raciocínio. É importante discutir sem autoritarismo os valores morais em questão, ouvindo as opiniões da criança e não as combatendo.

Começam a se interessar em discutir as injustiças relacionadas a assuntos mundiais (assuntos ecológicos, vegetarianismo, animais de estimação...), porém, para a criança, o foco principal é a possibilidade de expressar sua opinião.

Dão a impressão de que já são capazes de administrar a sua vida, mas é uma competência incipiente.

São muito vulneráveis e influenciáveis pelo grupo, tornando-se importantíssimo que haja educação em sexualidade séria e esclarecimentos sobre o problema das drogas.

Se não são informados dos problemas que estão ocorrendo, imaginam explicações que podem ser mais inquietantes e exageradas do que o fato real - portanto as dificuldades devem ser explicadas com calma.

Começam a pensar e aprender usando a mente de maneira mais lógica. Recorrem à memória para desenvolver um argumento, capacidade que se desenvolve durante a adolescência e prossegue durante toda a vida.

A capacidade de pensar de modo mais abstrato contribui para uma independência cada vez maior e mais evidente. É possível lhes explicar dificuldades, discutir planos com elas.

Os interesses de leitura mudam de histórias com tramas diretas para livros mais complexos, que exploram os relacionamentos e as situações. Começam a pensar sobre o pensamento em si.

São capazes de aprender através de aulas mais teóricas, desde que tenham dominado as habilidades básicas de leitura, escrita e cálculo.

Desenvolvimento físico

Têm interesse pelo que seu corpo consegue fazer e por isso gostam de se submeter a fantásticos testes de resistência e adoram participar de competições que apresentem tais desafios.

A ansiedade provocada pelas mudanças da puberdade, que ainda não começou, está sempre presente, embora não seja percebida pelas crianças e/ou por seus pais.

O início das mudanças da puberdade são sentidos pela grande maioria, que virá mais cedo para as meninas.

As reações das meninas às mudanças físicas são variadas: algumas ficam desconcertadas, achando que ainda são muito jovens e querendo ser cuidadas pelos pais. Outras interpretam como um sinal de que não precisam mais ouvir o que suas mães dizem e se esquecem de que precisam do adulto para terem acesso a mais experiência de vida. E há ainda as que compensam o medo das mudanças se comportando de modo mais infantil do que antes.

Meninos e meninas quase sempre abordam o sexo com risinhos e brincadeiras dentro de seus grupos e também com provocações mais diretas de um grupo em relação ao outro. Estes comportamentos são uma maneira de lidar com a ansiedade.

As meninas aliviam as tensões da ansiedade em relação ao seu desenvolvimento sexual com risadinhas em grupos só de meninas. E os meninos fazem piadas fortes.

Os grupos homogêneos (de meninas ou de meninos) formados para a conversa sobre sexo podem contribuir para a definição do que é ser menino ou ser menina, mas também podem se tornar agressivos quanto às diferenças e em particular quanto àqueles que não se enquadram no grupo.

Os padrões de comportamento aceitáveis para meninos e meninas baseiam-se fundamentalmente no que cada um traz de casa, pois os modelos de comportamento feminino e masculino derivam das observações e investigações do comportamento dos pais ao longo dos anos.

Com a maturidade sexual, algumas meninas sentem-se superadultas e sensuais. Porém, sua noção de adulto muitas vezes será artificial, baseada em ideias concebidas a partir de romances ou da televisão - uma versão infantil do que é ser adulto.

Os meninos, de modo geral, enfrentam a puberdade com mais facilidade do que as meninas, já que as modificações físicas são em menor número e vividas mais tarde, portanto, com mais experiência.

Estão preparando-se para crescer - comer e dormir são muito importantes. Podem surgir distúrbios como anorexia, obesidade, que se manifestam como sintomas de outros problemas. Portanto, para controlar os distúrbios alimentares é importante verificar qual a origem deles.

"Na juventude aprendemos. Na maturidade compreendemos. Não é o mundo que deve entrar na casa espírita... é o Espiritismo que deve ir para o mundo!"

AULA

8

REFLEXÃO

"Hoje os problemas não são apenas a pobreza, as favelas,
as guerras, a violência, as drogas que sempre existiram...
Preocupa, sim o fato de tantas pessoas estarem envolvidas com estes problemas.
No limiar do terceiro milênio, dentro de uma sociedade em transformação,
e de famílias frequentemente inexistentes ou desagregadas e pouco atentas
aos anseios e necessidades das crianças e dos jovens,
o prazer das drogas e o caminho da violência são alternativas sedutoras
para a confusão, a solidão, o abandono ou a mera incerteza
que envolve as crianças e os jovens.
O papel do evangelizador é ajudar a mudar a história destas crianças!"

Vera Perez (Junho/1996)

8

Atitudes Desafiadoras em Sala de Aula

1. CRIANÇAS COM COMPORTAMENTOS DESAFIADORES NA EVANGELIZAÇÃO

O que poderia ser considerado um comportamento desafiador dentro de um grupo de evangelização?

Traduziremos algumas situações a seguir, relativas àquelas em que as crianças apresentam comportamentos que possam vir a chamar a atenção do evangelizador ou mesmo dificultar o andamento das aulas.

Para melhor compreender e ajudar essas crianças, vamos tratar de alguns aspectos que podem levar a distúrbios de comportamentos:

a) **Aspecto Biológico**

- Desnutrição.
- Doenças infecciosas, endocrinológicas e metabólicas.
- Problemas neurológicos (crianças hiperativas).
- Problemas sensoriais: visão e audição.
- Problemas psicomotores — Relacionados a fatores neurológicos.

b) **Aspecto Emocional**

- Distúrbios leves de conduta, pelas dificuldades no relacionamento familiar, escolar ou social.
- Distúrbios psicológicos ou psiquiátricos.

c) **Aspecto Intelectual**

- Limitações intelectuais discretas confundidas com timidez.

d) **Problemas de Linguagem**

- Emissão — Percebe corretamente, mas emite mal, devido à falha de articulação.
- Recepção — Percebe mal o som e emite inadequadamente.
- Compreensão — Dificuldade na compreensão da mensagem; conhece isoladamente o significado de cada conceito, mas tem dificuldade em perceber seu significado em estruturas complexas.

  Por exemplo: Sabe o que significa "grande" e "antes", mas não cumpre ordens do tipo: "Traga o grande antes".
- Estruturação — Compreende a mensagem, mas não consegue comunicá-la através da linguagem oral ou escrita.

  Por exemplo: A criança que não consegue reproduzir as histórias ou narrar fatos, mesmo os de sua experiência no cotidiano.

e) **Aspectos Sócio–Afetivos**:

- Desadaptação — Decorrente de mudança de cidade, estado, etc.
- Perdas significativas — Morte de um familiar, separação dos pais.
- Estimulação inadequada — Com falta ou excessos de cuidados ou de atividades: natação, inglês, judô, informática, balé, ou de atividades sociais gerando estresse e comportamento agressivo.

8

2. SUGESTÕES DE PROCEDIMENTOS PARA ALGUMAS ATITUDES DESAFIADORAS NA TURMA

2.1 EXCESSO DE PERGUNTAS

A criança pergunta normalmente, como reação inata, natural, a fim de satisfazer sua curiosidade. Entretanto, existem crianças ávidas e insistentes cuja curiosidade parece que nunca será satisfeita.

Realmente, para satisfazer-se a curiosidade infantil é necessário que eduquemos a criança, estabelecendo alguns "combinados", como por exemplo: respeitar a vez de cada um. Fazê-la perceber que não é somente ela quem tem o direito de falar, que deve dar chance a seus companheiros, explicar que cada um tem a sua vez. Muitas vezes ela pergunta somente para chamar a atenção.

Procedimentos —

Planejar as aulas de forma a alcançar, com perguntas direcionadas, a todas as crianças, para que percebam que cada uma terá sua vez de pronunciar-se.

Definir momentos para as perguntas. Por exemplo, aguardar o final da história para sanar suas dúvidas. Se mesmo assim a criança quiser perguntar durante a história, procurar olhar nos olhos dela e garantir-lhe que será atendida em outro momento logo a seguir.

2.2 TIMIDEZ

Uma recusa em cumprimentar alguém ou em falar em meio a um grupo de desconhecidos são atitudes bastante comuns entre os tímidos. O medo e a insegurança são tão grandes que fica impossível conversar com qualquer um que não seja o pai ou a mãe.

"O gato mordeu sua língua?" Esta é uma frase que os pequenos que sofrem com a timidez costumam ouvir. No entanto, atitudes como essa, ao invés de ajudar, podem atrapalhar o desenvolvimento das crianças.

Procedimentos —

Cuidar para não deixar despercebida a presença da criança tímida, buscando-a com o olhar de acolhimento.

Não expor a criança tímida com intuito de incentivá-la a perder a timidez, e sim conquistá-la através do olhar e da confiança.

Nos momentos que antecedem o início da aula de evangelização, aproveitando o "tempo de espera", pode ser útil sentar perto da criança, "puxar conversa", em tom baixo, para que ela sinta que é aceita e que o ambiente não oferece ameaças.

É importante evitar perguntas que exijam resposta em voz alta, ou cobrar sua participação oral na aula.

As atividades de fixação e verificação da aprendizagem devem ser adequadas à turma, e ricas em variedade, de modo a atender as diversas formas de aprender, valorizando e reforçando os conceitos que a criança já sabe, ou o que compreendeu da aula.

2.3 AGRESSIVIDADE

Agressividade é o ato de não controlar os impulsos, qualidade do temperamento ou mecanismo de defesa do EU, que se caracteriza pelo modo destrutivo de reação.

É uma forma de comunicar alguma necessidade ou sofrimento.

A agressividade também pode estar vinculada a outras situações que geram estresse na criança tais como luto, separação dos pais, a gravidez da mãe ou ambiente hostil. Diante de alguma dessas situações a criança vivencia sentimentos de receio, medo, angústia e frustração.

A frustração é uma desorganização emocional resultante do aparecimento de um obstáculo que impede o indivíduo de atingir um objetivo para o qual estava altamente motivado.

Nosso papel enquanto evangelizador é tentar auxiliar a criança no seu processo de autoeducação, para que possa usar os impulsos agressivos no sentido construtivo, isto é, da luta, da coragem e não da destruição, visando assim um progresso moral.

Procedimentos —

A CONVERSA É A MELHOR INTERVENÇÃO.

Conhecer a criança, as razões pelas quais ela se comporta assim.

Estabelecer rotinas para a aula, preparando-se e preparando a aula com antecedência.

Desenvolver atividades que levem a criança a reconhecer seus sentimentos e redirecionar sua expressão.

Estabelecer regras e limites de conduta, fazer "combinados" e ser congruente na aplicação. Ter firmeza e serenidade no cumprimento. Como, por exemplo, quando dizemos a uma criança: — Agora é hora de ouvir! Nunca utilizar de violência física ou verbal.

Estabelecer sanções (diferente de punições) e aplicá-las quando esgotadas as demais providências.

Atentar para as definições:

PUNIÇÃO: Busca fazer o culpado sofrer para que pague pelo seu erro com a dor. Estigmatização, exclusão e humilhação são formas mais ou menos brandas de punições. Neste caso, a pessoa continua presa à culpa, ou seja, não se reabilita. Exemplo: A criança bate no colega e o adulto diz: "Sempre você! Não sabe fazer amigos, vai ficar sozinha!" (estigmatização, humilhação).

SANÇÃO: Busca reabilitar a lei que foi transgredida. Uma vez reabilitada a lei, a pessoa se reintegra ao grupo. A ela é atribuída a responsabilidade por seus atos, o que a faz pensar sobre eles. Exemplo: A criança quebra um lápis num acesso de raiva e deve trazer um novo lápis para reparar, pois foi o que ficou estabelecido com a turma em relação à regra de que o material deve ser preservado.

Portanto, na Evangelização Infantil, não deve haver punições. Podem ocorrer sanções, de acordo com a lei de ação e reação, se a criança transgrediu o que foi previamente combinado.

8

Não rotular. Em hipótese alguma devemos suspender ou demitir a criança da Evangelização Infantil. Ela está conosco por razões preciosas e oportunidade de transformação à luz do Evangelho de Jesus. Sabemos que as mais difíceis no trato são as que mais precisam das aulas. Jesus dizia que os sãos não precisam de médico e mesmo aos que não querem tomar o remédio, devemos oferecê-lo, acolher, abrir as portas para dar a oportunidade de escolha.

> "Jesus ouviu a pergunta e disse aos doutores da Lei:
>
> — Os que têm saúde não precisam de médico, mas sim os doentes. Eu vim para chamar os pecadores e não os bons."
>
> Marcos 2:17

Nos casos mais graves (agressões físicas ou de palavrões, roubo, atitudes licenciosas ou indecorosas, drogas, maneira de se vestir, etc.), chamá-la em separado, com ou sem o pai ou responsável se for o caso, e explicar-lhe detalhadamente com palavras simples, porém firmes, as regras da turma e do Centro. Em momento algum dizer que ela está proibida de vir ao Centro, mas para participar das aulas, deverá obedecer estas regras.

Perante as situações demasiadamente agressivas, vigiar a postura, procurando manter a serenidade, pois a prática da reforma íntima deve ser constante.

Usar sempre do bom senso, da firmeza, mas acima de tudo do amor que é capaz de "amansar as mais terríveis feras". Por em prática a pedagogia do amor, SOMADA à AFETIVIDADE.

Outro recurso valioso são as vibrações. Colocar o nome da criança e do evangelizador em trabalhos específicos, distribuir aos demais evangelizadores e voluntários da Casa, porque esta criança/jovem é tão necessitada quanto outros assistidos.

2.4 FALTA DE INTERESSE EM FICAR NA SALA DA EVANGELIZAÇÃO

Poderá tratar-se de criança com "trauma de escola", ou seja, medo de ser abandonada, não conseguindo assim ficar longe da mãe.

Essa atitude de não querer assistir às aulas sem a presença da mãe ocorre com mais frequência no Maternal e Jardim. A partir do Primário ela já está acostumada com as aulas convencionais de sua escola.

Algumas crianças não gostam, não querem vir. Assim como acontece com as aulas das Escolas de Aprendizes do Evangelho, as aulas da Evangelização mexem com o interior da criança, solicitam a sua Reforma Íntima. Como a criança percebe rapidamente e é muito espontânea, ela se recusa a ir ao Centro, nega-se mesmo a participar, cai na indisciplina, exterioriza exatamente aquilo que estamos tentando combater.

O evangelizador vai "cuidar" da alma da criança. Vai preocupar-se mais em formar a personalidade nos preceitos da moral cristã, do que em transmitir conhecimentos.

8

FORMAR É MAIS IMPORTANTE E NECESSÁRIO DO QUE INFORMAR.

O conhecimento da Doutrina Espírita nos mostra que a criança é uma criatura que apesar de atravessar uma curta fase de ingenuidade e pureza, mais ou menos até os sete anos, é um ser que possui um passado intenso, como Espírito eterno, armazenando um potencial latente em seu subconsciente.

Muito cedo as crianças revelam sua personalidade milenar nas atitudes sãs ou doentias que apresentam. Elas renascem com suas conquistas (virtudes e defeitos) feitas através de inúmeras experiências corpóreas e têm amigos e inimigos do passado.

Muitas vezes as crianças não querem ficar na sala porque gostam do evangelizador do ciclo anterior, com o qual estavam acostumadas, ou porque se sentem inseguras. Por isso as aulas devem ser bem preparadas, motivadoras, interessantes, alegres, para que a mensagem possa ser ouvida e aceita pelas crianças, e elas possam se sentir seguras.

Procedimentos —

Se a dificuldade em participar das aulas prende-se ao fato de não querer que a mãe se separe dela, devemos permitir que a mãe assista às nossas aulas, em períodos cada vez menores, até que a criança seja conquistada por nós.

Se não quiser assistir às aulas, mesmo que esteja acompanhada da mãe, devemos deixar que ela fique no lugar da sala que desejar: próximo à porta, de pé... Enfim, ignorar sua postura exterior para, pouco a pouco, conquistando sua confiança, interessá-la de modo que ela mesma passe a querer ficar na aula por causa da motivação, das brincadeiras, de alguma tarefa que lhe ofereçamos, até durante a aula propriamente dita. Portanto, o nosso papel é de conquista, de envolvimento e de amor, mesmo que durante algumas semanas não seja possível transmitir-lhe nenhum conhecimento, que um dos evangelizadores apenas fique com ela no colo.

Os pequenos gostam de ser úteis, de realizar tarefas, de ajudar; vamos aproveitar para conquistá-los através disso, dando-lhes funções na turma como, por exemplo: segurar uma caixa, um livrinho de histórias que eles com certeza irão folhear e gostar das gravuras, segurar a bolsa, sacola da "tia", uma toalha, um pacote, etc. Levar sempre para as aulas algum objeto que será a tarefa daquela ou daquelas crianças.

Deverá haver firmeza, também, com relação às mães, pais, avós, etc., para que confiem e deixem as crianças por conta dos evangelizadores. Para que isso aconteça, deveremos desenvolver um trabalho seguro, disciplinado e de confiança em todos os seus aspectos, tanto nas salas como em todos os locais onde as crianças circularem, para que não haja surpresas ou acidentes.

Cuidar para que os pais, ao saírem da Escola de Pais, não se atrasem para pegar as crianças, para não lhes causar ainda mais insegurança.

Os pais devem nos auxiliar, permanecendo constantes na frequência da evangelização dos seus filhos, pois sem sua ajuda efetiva, de nada valerá nosso esforço para que as crianças queiram permanecer na Evangelização.

A criança deve ser trazida às aulas da Evangelização Infantil e o jovem deve ser "forçado" no real entendimento de: convocado, requisitado, estimulado, incentivado a integrar uma turma de Pré-mocidade ou de Mocidade, porque ambos ainda não têm discernimento próprio e nem maturidade para a livre escolha.

No caso das crianças que não querem mudar de turma, o evangelizador deve procurar acolhê-las, sendo compreensivo, oferecendo elementos motivadores para conquistá-las.

8

2.5 MUDANÇAS BRUSCAS DE COMPORTAMENTO

Muitas podem ser as causas das mudanças bruscas de comportamento. Por exemplo, desentendimentos familiares podem gerar mudanças consideráveis nas crianças. É importante levar em conta que nem sempre pequenas desavenças domésticas promovem a dissolução do lar. Mas a falta de solidariedade entre cônjuges poderá abalar o desenvolvimento emocional da criança, provocando acessos e choro sem explicação lógica, agressividade, passividade, enfim, alterações no comportamento habitual e característico daquela criança.

Outras situações podem ser casos de abuso sexual, violência doméstica, bullying na escola.

Procedimentos —

Ter um olhar atento para as mudanças que se manifestarem, mantendo postura de acolhimento e abertura para diálogo.

Nas reuniões de pais e evangelizadores, ou na Escola de Pais, devemos tecer considerações a respeito de temas que possam auxiliar as crianças, tais como: harmonia no lar, bullying, compreensão, estímulo, amor – necessidades da criança.

É preciso muito amor do evangelizador para com essas crianças, pois é disto que elas carecem. Precisam sempre de compreensão, afeto e não de sentimento de piedade ou "dó".

2.6 A CRIANÇA COM DEFICIÊNCIAS

> Somos todos diferentes uns dos outros. Loiros, morenos, pele amarela, vermelha, brancos, negros... Enfim, cada um de nós possui características que são somente suas e que nos diferenciam.
>
> Isto acontece também com o funcionamento mental. Há os que aprendem melhor pelos meios visuais (lendo, vendo filmes), outros, por via auditiva. Há pessoas que aprendem melhor lidando concretamente com as situações e outras que conseguem compreender de modo abstrato.
>
> Nem todos seguem o mesmo raciocínio para resolver um problema. Veja o caso de uma professora que pediu a alunos surdos (e que não falavam) para que construíssem uma escada utilizando um programa de computador. Cada aluno seguiu passos diferentes para chegar no mesmo resultado: um começou a construção de baixo para cima, outro desenhou os degraus primeiro...
>
> (Adaptado de: Projeto Escola Viva: garantindo o acesso e permanência de todos os alunos na escola: necessidades educacionais especiais dos alunos / Maria Salete Fábio Aranha. - Brasília: Ministério da Educação, Secretaria de Educação Especial, 2005, págs. 10 e 11.)

Para o Evangelizador o mais importante será acolher fraternalmente e reconhecer as características de cada criança e suas necessidades (independentemente do tipo ou do grau de deficiência que possuam), a fim de oferecer a cada uma, recursos que facilitem a aprendizagem e o interesse pelas aulas de Evangelização Infantil.

Refletindo nas questões 132 e 383 de *O Livro dos Espíritos:*

132. Qual o objetivo da encarnação dos Espíritos?

"Deus lhes impõe a encarnação com o fim de fazê-los chegar à perfeição. Para uns, é expiação; para outros, missão. Mas, para alcançarem essa perfeição, têm que sofrer todas as vicissitudes da existência corporal: nisso é que está a expiação. Visa ainda outro fim a encarnação: o de pôr o *Espírito em condições de suportar a parte que lhe toca na obra da criação. Para executá-la é que, em cada mundo, toma o Espírito um instrumento, de harmonia com a matéria essencial desse mundo, a fim de aí cumprir, daquele ponto de vista, as ordens de Deus. É assim que, concorrendo para a obra geral, ele próprio se adianta."*

383. Qual, para este, a utilidade de passar pelo estado de infância?

"Encarnando, com o objetivo de se aperfeiçoar, o Espírito, durante esse período, é mais acessível às impressões que recebe, capazes de lhe auxiliarem o adiantamento, para o que devem contribuir os incumbidos de educá-lo."

Sintetizando, as finalidades das reencarnações para todos os Espíritos são:

1. Aprendizado (finalidade educativa) – sentimentos – pensamentos – vontade.
2. Elevação moral e espiritual.
3. Reparação – sanar as consequências do que fizemos.

A fase infantil é mais acessível às impressões que podem auxiliar no adiantamento, e é dever dos responsáveis pela educação (pais, família, evangelizadores...) contribuir para tal.

Note-se que em ambas as questões fala-se dos Espíritos, sem discriminar, o que podemos entender como sendo válido para todos (com ou sem deficiências).

Concluindo: A nós, Evangelizadores, cabe oferecer o melhor para auxiliar a todas as crianças em seu desenvolvimento moral e espiritual.

8

> *..Todos existem em suas originalidades, igualdades e desigualdades. Todos somos diferentes e todos podemos ser felizes.*
> *O conceito de deficiência vem se modificando nos últimos anos, de modo a ver as pessoas no seu todo e não a partir do déficit apresentado, que gera um tipo de incapacidade.*
> *Hoje é possível atuar em propostas que diminuam as desvantagens sociais decorrentes da deficiência, reduzindo as incapacidades e desenvolvendo potencialidades.*
> *Devemos enfrentar a deficiência sem negá-la, mas temos de olhá-la sem as lentes do preconceito e do estereótipo.*
> *As definições de limites e possibilidades existem para nós todos e só a convivência do dia-a-dia pode determiná-las. A gente aprende coisas e se surpreende o tempo todo. O importante é que estamos vivendo um momento em que a questão da deficiência mudou e está escancarada na sociedade. Agora vamos ter de resolver.*
>
> (Trechos da matéria publicada no Jornal da Apabb — jun.jul/98).
>
> (APABB: Associação de Pais, Amigos e Pessoas com Deficiência, de Funcionários do Banco do Brasil e da Comunidade)

As crianças com deficiências devem ser estimuladas a desenvolver seu potencial na medida certa, respeitando sempre os seus limites. Trabalhar para que o máximo desenvolvimento possível da personalidade, dos talentos e da criatividade das pessoas com deficiência, assim como de suas habilidades físicas e intelectuais possa ser alcançado.

O princípio deste ajustamento e da educação está na aceitação dos pais e do evangelizador.

A deficiência decorre da interação entre as pessoas com deficiência e as barreiras provocadas pelas atitudes ou o ambiente e que impedem as pessoas de participarem da sociedade em igualdade de oportunidades. Portanto, cabe a toda a sociedade modificar essas atitudes e o ambiente, diminuindo ou eliminando as barreiras. A acessibilidade (em sentido amplo) deve ser construída.

Procedimentos —

Proporcionar acessibilidade. Isto vai desde rampas para cadeiras de rodas até os meios de comunicação (Braille, Língua Brasileira de Sinais, textos com letras grandes, materiais pedagógicos adequados), passando por alterações no ambiente, tais como a troca de sala, posição das cadeiras, etc.

Adotar medidas de apoio individualizado – isto significa ter mais de um evangelizador na sala.

Conversar com a criança e/ou com os responsáveis, a fim de conhecer melhor as suas necessidades. Conhecer o que afeta a criança é o primeiro passo para criar estratégias que garantam a aprendizagem.

Tratar a todos com respeito e dignidade. Precisamos dar educação para estas crianças, que vão apresentar a deficiência por toda a vida, e não sentir piedade. Não discriminar, respeitar as diferenças e aceitar a pessoa com deficiência como parte da diversidade humana.

Criar na sala um clima de amizade, auxiliando as outras crianças na aceitação e no respeito ao próximo.

PIEDADE É DESAMOR.

Recomendação de leitura: *O Castelo das Aves Feridas*, Nancy Pullman. LAKE.

8

3. SEXO, GÊNERO, IDENTIDADE DE GÊNERO E ORIENTAÇÃO SEXUAL

Neste tema, para muitos ainda um tabu, não são as características das crianças que nos desafiam, mas algo que está dentro de nós mesmos.

Em *O Livro dos Espíritos* encontramos as seguintes questões:

> **200. Têm sexos os Espíritos?**
> "Não como o entendeis, pois os sexos dependem do organismo. Entre eles há amor e simpatia baseados na identidade de sentimentos."
>
> **201. Em nova existência, pode o Espírito que animou o corpo de um homem animar o de uma mulher e vice-versa?**
> "Decerto; são os mesmos os Espíritos que animam os homens e as mulheres."
>
> **202. Quando errante, que prefere o Espírito: encarnar no corpo de um homem, ou no de uma mulher?**
> "Isso pouco lhe importa. O que o guia na escolha são as provas por que haja de passar."
>
> Os Espíritos encarnam como homens ou como mulheres, porque não têm sexo. Visto que lhes cumpre progredir em tudo, cada sexo, como cada posição social, lhes proporciona provações e deveres especiais e, com isso, ensejo de ganharem experiência.

A resposta à questão 202 diz que a escolha do sexo para a encarnação não é importante para o Espírito. Porém percebemos que, uma vez encarnados, o sexo e tudo o que o envolve é alvo de muita polêmica e tabus.

A ciência chegou às seguintes definições, que aqui relatamos apenas para nosso conhecimento. Assim, nós, evangelizadores, necessitamos adequar a linguagem, evitando preconceitos:

Sexo é a parte biológica (órgãos reprodutivos internos e externos):

- Homem
- Mulher
- Hermafrodita (que possui os dois sexos)

Gênero é o conjunto de características **definidas socialmente** (que variam conforme a sociedade):

- Feminino
- Masculino

Uma análise da história de diferentes povos nos mostra uma grande variedade dessas características (homem não chora, mulher é meiga, menino brinca com carrinho, menina brinca com boneca...)

8

Identidade de gênero: É como cada indivíduo se vê (ou se identifica) em relação ao gênero:

- Transgênero: pessoa cuja identidade de gênero difere do sexo biológico. Por exemplo: pessoa do sexo masculino que se identifica com o gênero feminino (se veste ou se comporta de acordo com o modo feminino)
- Cisgênero: pessoa cuja identidade de gênero concorda com o sexo biológico.

Orientação sexual é a atração (desejo) ou ligação afetiva que se sente por outra pessoa:

- Heterossexuais: pessoas que sentem atração / afeto por outras do sexo oposto;
- Homossexuais: pessoas que sentem atração / afeto por outras do mesmo sexo;
- Bissexuais: pessoas que sentem atração / afeto por outras de ambos os sexos;
- Assexuais: pessoas que não se sentem atraídas por nenhum gênero.

Há desta forma uma gama bastante variada de características no campo sexual. Por exemplo, pessoas que se identificam com o gênero que difere do sexo biológico (transgêneros) não necessariamente são homossexuais.

Diversas pesquisas vêm demonstrando que estas características não são escolhidas ou aprendidas pelo indivíduo, e que ele já nasce com elas. Desde 1999 o Conselho Federal de Psicologia proibiu a prática de terapias na linha da "cura gay".

Ainda há em nossa sociedade grande preconceito em relação a pessoas transgêneros e pessoas homossexuais, que são vítimas de violência, resultando em grande sofrimento.

Para melhor compreensão deste assunto o autoconhecimento se torna importantíssimo para o evangelizador: como eu me vejo em relação à minha sexualidade, à minha identidade de gênero? Eu me aceito? Conhecer-se e aceitar-se é o primeiro passo para aceitar os outros.

A nós, evangelizadores, cabe o grande desafio de amar a todas as crianças como se apresentam, oferecendo a elas respeito e aceitação. Nossa tarefa é auxiliá-las em sua evolução espiritual, cumprindo assim os mandamentos essenciais preconizados por Jesus: amar a Deus sobre todas as coisas, e ao próximo como a nós mesmos. E este trabalho independe da identidade de gênero ou da orientação sexual das crianças ou de seus pais.

É fundamental que o evangelizador mantenha uma postura de respeito e aceitação e estimule sua turma a fazer o mesmo.

"A Lei do amor substitui o individualismo pela integração das criaturas e acaba com as misérias sociais."

(E.S.E, cap. XI, item 8)

AULA

9

REFLEXÃO

*"É maravilhoso que, até mesmo hoje em dia, com toda
a concorrência da televisão, rádio, cinema, vídeo e cd,
o livro tenha conservado a sua característica de preciosidade.
O livro é algo sagrado.
Não se trata de monte de papéis sem vida, mas de Espíritos vivos nas prateleiras.
O fato de se pegar um deles e abri-lo pode fazer-nos
escutar a voz de um homem distante no tempo e no espaço, e ouvi-lo
falar conosco, de Espírito para Espírito, de coração para coração."*

9

Literatura na Evangelização Infantil

1. LITERATURA – CONCEITO E DEFINIÇÃO

Conhecendo-se a importância e o significado dos valores morais como básicos e necessários à formação de homens livres, valoriza-se a importância da literatura em relação ao aspecto formativo da criança. A literatura não aparecerá única e exclusivamente em função de doutrinar, mas sim de despertar as mais nobres emoções da criança, através do seu encanto, magia e singeleza, apurando-lhe os sentimentos a fim de que as futuras gerações sejam mais criadoras, mais espontâneas, mais simples e mais fraternas.

A literatura é exigência do Espírito humano que busca com avidez o inconquistável, a aventura, o belo, o novo. Através dela, o indivíduo realizar-se-á nas exigências ou necessidades de busca, aventura, tranquilidade, beleza, informação, entretenimento, etc.

A literatura inclui, entre outras atividades, a leitura recreativa, porém a habilidade para apreciar a literatura não será adquirida ocasionalmente ou rapidamente, desde os primeiros passos da aprendizagem. A criança é auxiliada pela atividade literária, que constitui, sem dúvida alguma, instrumento valioso nas mãos de um hábil educador.

Promove-se assim, gradualmente, o desenvolvimento do gosto literário, levando aquelas obras para os pequenos, que, de acordo com seus interesses, caiam em sua aceitação, proporcionando-lhes oportunidade de aprimoramento espiritual.

As crianças apreciam a literatura, pois é a fantasia que lhes proporciona asas para alçar o voo ao reino do impossível, do inacreditável e do maravilhoso, tanto quanto buscam a literatura realista que discorre sobre a vida dos animais, da família, das invenções, dos amigos, dos acontecimentos, das realizações, das biografias. As crianças gostam imensamente da leitura, seja ela em prosa ou em verso.

As histórias e as poesias oferecem inúmeras oportunidades para ensinar, tornando a criança alegre e viva, vivendo intensamente, dado o seu caráter imaginativo. É esse o caráter da literatura infantil a ser empregada, e tem de ser dos mais vivos e empolgantes, pois a vida da criança é mais imaginativa do que real.

O "maravilhoso" constitui uma das características do psiquismo infantil. Ao empregar o "fantástico" na Evangelização Infantil, é importante ter em mente o objetivo moral e evangélico a ser alcançado.

Nosso principal objetivo ao utilizarmos a literatura infantil é educar. Contudo, apenas conseguiremos se a criança "viver" a experiência da história e isso só acontecerá se ela, a história, recrear. Podemos dizer, então, que uma história que não recreia não pode educar.

É importante lembrar também que a educação só será possível através da ação dos personagens e não da verbalística.

A história poderá ainda levar informações úteis, alargando as experiências da criança, desenvolvendo a linguagem, a memória, a lógica e o pensamento, além de auxiliar a formação de hábitos e atitudes sociais.

9

1.1 OBJETIVOS DA LITERATURA INFANTIL

A literatura acenderá na criança uma série de valores latentes em seu íntimo. Esses valores estão à espera de um impulso para se projetarem como uma chama de luz nas suas experiências de vida do dia-a-dia como: a solidariedade, a lealdade, a caridade, a luta, o bem, o valor do esforço, o trabalho, a fé, a aventura e outros.

Atuará sobre a potencialidade psíquica, despertando e desenvolvendo seus dotes de imaginação e gosto artístico, predispondo-a a emocionar-se diante da beleza moral e da estética.

Oferecerá o alimento fecundo à imaginação da criança, preparando-a para o conhecimento da realidade circundante, levando-a paulatinamente do reino da fantasia para o dos valores do mundo concreto que a rodeia. O conhecimento da realidade pode ser realizado sem traumatizar a criança, desenvolvendo o gosto pela leitura, a capacidade expressiva e de reprodução por parte da criança.

Viver com boa literatura é viver com atitude agradável em relação à vida, arejando o Espírito, ajudando a criança a compreender seus problemas, estimulando a imaginação, promovendo o desenvolvimento linguístico. Suscitar o gosto pelas boas leituras é objetivo essencial no seu ajustamento ao mundo e à sociedade, e exerce grande influência no seu desenvolvimento e realização.

2. A LITERATURA NA EVANGELIZAÇÃO INFANTIL

Frequentemente empregada na evangelização da infância, a literatura leva a criança, não apenas ao desenvolvimento mental e intelectual, mas principalmente proporciona-lhe normas e princípios de ação, que irão influir grandemente em seus atos futuros.

Evita-se na evangelização literatura onde crimes são evidenciados e frequentes, cenas chocantes, anomalias, aberrações sexuais, sedução, cenas de depravação e pornografia, gírias, palavrões, apelidos chulos, histórias de terror, sadismo, masoquismo e exagerada ficção.

A literatura na evangelização deve ser utilizada como:

- Meio de educação e elevação da ética e da moral individual e social.
- Higiene mental e recreação para as crianças.
- Respeito a todas as crenças e povos.
- Respeito à família, às autoridades, ao próximo, à natureza, aos animais.
- Ensino da lei e da justiça, triunfando sobre o crime e a perversidade.

2.1 OS OBJETIVOS DA LITERATURA NA SUA PRÁTICA

a) **Recrear**

A literatura diverte a criança, proporcionando-lhe prazer, satisfação e alegria.
É importante viver e sentir a história.

b) **Educar**

As ações marcantes e positivas das histórias que educam são importantes para fixar o bem e reajustar o mal.

c) **Informar**

A literatura aumenta as experiências da criança, incentiva a imaginação, desenvolve a linguagem, a memória, o raciocínio, a lógica e o gosto pela leitura. Proporciona o conhecimento da linguagem, a atenção, socializando e dando à criança uma visão geral do mundo em que vivemos.

A literatura infantil na evangelização leva ainda a criança à compreensão de palavras abstratas como bondade, bravura, justiça, gratidão, ambição, coragem, sinceridade, etc.

A boa literatura auxilia o ajustamento emocional da criança dificultando o aparecimento do desespero, do desencanto e da perda da fé ante as dificuldades da vida.

2.2 O QUE A LITERATURA PROPORCIONA

O evangelizador habilidoso que, através de bom planejamento, consegue fazer a criança sentir o que aprende, proporciona-lhe:

a) Aprimoramento espiritual: estimulando-lhe pensamentos criadores e positivos.
b) Correção de impulsos negativos, herança das nossas experiências do mundo animal.
c) Apreciação da beleza e do valor moral.
d) Desenvolvimento da sensibilidade.
e) Descoberta de si mesma, daquilo que os psicólogos chamam de "escala de valores".

2.3 SUGESTÕES QUANTO AO EMPREGO DA LITERATURA NA EVANGELIZAÇÃO INFANTIL

a) Ouvir poesias declamadas ou lidas pelo evangelizador.
b) Contar histórias reais e imaginárias com frequência.
c) Fazer coro falado de uma poesia (jogral).
d) Discutir as partes que mais gostaram numa história.
e) Apresentar uma pantomima da história.
f) Dramatizar histórias, poesias, contos e crônicas.
g) Incentivar a criação de um caderno com expressões marcantes, pensamentos e poesia.
h) Fazer álbum de histórias recortadas dos jornais (destacando sempre o fundo moral "Boas Notícias").
i) Ilustrar as poesias e histórias com desenhos ou recortes de revistas.
j) Estimular a criança a fazer poesias e trabalhos de escrita criativa.
k) Contar ou escrever histórias à vista de gravuras.

9

Proposta: Vamos brincar de escritor? Pedir para escreverem uma história ou crônica sobre temas variados (dar alguns e deixar que escolham, podem ilustrar com desenhos, escrever o nome e a data). Recolher todos os artigos, encadernar, fazer um livro com cópia para todos os participantes e entregar-lhes no final do ano.

3. GÊNEROS DA LITERATURA

São vários os gêneros da literatura, porém na Evangelização da infância, utilizamos com mais frequência o Conto, a Poesia, a Crônica e o Teatro, apresentados sob a forma de "histórias".

3.1 HISTÓRIA

A arte de narrar histórias é um capítulo à parte da literatura infantil. Não constitui criação recente, pelo contrário, data de épocas remotas. As normas e os preceitos de sua aprendizagem é que são recentes.

A história na antiguidade era contada para distrair e fazer dormir uma criança: qualquer babá era versátil na arte de contar histórias.

Atualmente, contar histórias traz objetivos mais amplos, como: interessar, evangelizar, educar, formar atitudes positivas, etc. Portanto, dada a importância que a história tem no programa das aulas, ela deve ter um aspecto de cuidado e deve ser desenvolvida com habilidade pelo evangelizador.

Segundo Malba Tahan:

— *Uma pessoa inculta poderá narrar um fato ou uma ocorrência, com graça, clareza e interesse, assim como uma pessoa culta poderá fazer a sua narração confusa, monótona e desinteressante, se não possuir as habilidades necessárias a um bom contador de histórias.*

Conclui-se pois, que o dom de "bem narrar" desenvolve-se e expande-se quando bem cuidado nos aspectos de clareza e graça, vivacidade e interesse.

Segundo o pedagogo Claparéde:

— *A infância foi feita para brincar e imitar, não se poderia de forma alguma imaginar uma escola, seja qual for o seu objetivo, sem a Hora da História, que constitui uma atividade indispensável para a criança.*

Todo educador/evangelizador deve ser necessariamente um bom contador de histórias.

O modo de contar a história é a chave do conhecimento.

As histórias apresentam-se em dois tipos: reais e imaginárias.

a) **Reais**

Contam a verdade dos fatos e coisas. São as histórias reais de grande importância, pela verdade moral e aplicação imediata. A história real de alto valor moral não só ensina, como também deixa evidente a vitória do bem.

Fatos históricos fazem parte das histórias reais: trazem o passado histórico ao conhecimento da criança.

Aventuras cotidianas são histórias reais comuns à natureza humana: mostram à criança problemas de nossa vida, tipos de pessoas, padrão de comportamento, etc.

Histórias regionais mostram a vida de certas regiões do país.

As biografias são uma lição de coragem, de fé, de bravura, com as quais as crianças têm oportunidade de conhecer padrões de valores como, por exemplo, a biografia de Emmanuel ou a do Dr. Bezerra de Menezes, trazendo fatos reais de suas vidas, cheios de testemunhos de caridade e a tarefa redentora de muitos.

b) **Imaginárias**

São histórias inventadas, fruto da imaginação, irreais, ficção. Apresentam-se ainda de forma **repetitiva** e **acumulativa**.

- **Repetitivas** — São expressões que se repetem diversas vezes pelo texto.
- **Acumulativas** — As expressões se repetem, mas em cada repetição surge um elemento novo.

Fazem parte das histórias imaginárias: Parábola, Fábula, Apólogo, Lenda e o Conto de Fadas.

- **Parábola**

  É uma narração alegórica, que encerra uma verdade importante ou um conceito de moral. É uma das mais conhecidas formas de ensinar a moral. Surgiu na Grécia.

  Era difundida entre árabes e hindus, mas permaneceu na excelência dos ensinamentos trazidos por Jesus.

  Por exemplo: *Parábola do Semeador, Parábola da Ovelha Perdida, Parábola do Bom Samaritano, Parábola dos Talentos, Parábola do Filho Pródigo, Parábola das 10 Virgens*, etc.

- **Fábula**

  É uma história imaginária, em que os animais assumem características humanas e falam.

  O espírito geral é realista e irônico.

  A temática varia: a vitória da bondade sobre a astúcia, da inteligência sobre a força, demonstração de piedade para os que não a possuem, a derrota dos presunçosos, dos orgulhosos, etc. Quanto à sua origem, existia entre os assírios e babilônios, na forma que veio a ser fixada por Esopo, no século VI a.C.

  No século I d.C. assumiu categoria artística e mais tarde, nos tempos modernos, ganhou forma de refinamento literário com Jean de La Fontaine.

  As fábulas visam atingir os adultos, apresentando, ao final, uma frase de efeito que traduz a moral da história.

  Por exemplo: *O Lobo e o Cordeiro, A Raposa e as Uvas, A Lebre e a Tartaruga, A Festa no Céu.*

Atenção: As histórias comuns escritas para a programação das aulas usadas no Maternal e no Jardim, em que os animais falam, não são consideradas fábulas, pois não têm um sentido irônico, dirigem-se à criança e contêm moral velada.

- **Apólogo**

  É semelhante à fábula, porém são as plantas e objetos que falam, assumindo características humanas. Contém profundo ensinamento moral.

  Por exemplo: *A Bota e a Sandália de Veludo, O Carvalho e o Caniço, A Agulha e a Linha*, etc.

3.1.1 A HISTÓRIA E A EVOLUÇÃO DOS INTERESSES INFANTIS

Quando a história está apropriada à idade do pequeno ouvinte, ela suscita interesse e prende-lhe a atenção.

As histórias devem acompanhar a evolução do interesse segundo cada idade:

a) **Ciclo Maternal** (0 a 3 anos)

Nesta faixa etária é apreciado o som da voz, o ritmo. Portanto, livros com cantigas de ninar, com rimas, trava-línguas, são bem-vindos. Os livros brinquedo (que podem ser manuseados pelos bebês) também fazem sucesso – livros com diferentes texturas, livros de banho, feitos com papel cartão...

b) **Ciclo Jardim** (4 a 6 anos)

A criança deste período acha-se presa às coisas e fatos concretos do meio em que vive, ela está diretamente ligada aos seus familiares (irmãos, avós, tios...), com o cãozinho, o gatinho, o cavalinho, etc.

As histórias nesta faixa de idade devem envolver estas figuras, além de primar pela simplicidade, com poucos e conhecidos personagens.

São muito apreciadas nesta fase de desenvolvimento mental, histórias entremeadas com rimas e sons onomatopaicos. Sons que imitam vozes dos personagens, sejam eles humanos, animais, ou coisas despertam logo a atenção e agradam as crianças, como, por exemplo, o roque-roque do ratinho, o troc, troc, troc do cavalinho.

Os estribilhos também oferecem verdadeiro enlevo nas histórias.

Nesta fase de desenvolvimento a criança não acompanha grandes enredos.

Um pedaço de pau pode representar um boneco que fala e anda; uma pedrinha, para todos os efeitos, é um cãozinho amigo; uma caixa se transforma em casa de bichinhos, etc. Nesta fase, ouve várias vezes a mesma história sempre com encantamento e interesse.

c) **Ciclo Primário** (7 a 9 anos)

A imaginação da criança torna-se exuberante e criadora, e intervém na sua vida. É a fase da fantasia, conhecida como período imaginário.

Gostam de histórias com animais, mas não os tratam mais como pessoas. Podem apreciar histórias com animais que falam e têm sentimentos, mas sabem que é de mentirinha. Clássicos como Alice no país das maravilhas, O patinho feio, Os três porquinhos, O gato de botas e muitos outros são histórias que exploram um mundo de faz de conta com animais.

Outros livros que fazem sucesso para esta faixa etária são aqueles em que os personagens são crianças que agem em grupo, e os adultos, ou não existem, ou são periféricos. São histórias sintonizadas com o mundo interno das crianças, que apresentam questões universais, como o amor, a mudança, a perda, do ponto de vista delas.

Com o pensamento mais desenvolvido, permitindo-lhe realizar operações mentais, têm grande atração por textos em que haja humor e situações inesperadas ou satíricas.

d) **Ciclo Intermediário** (10 a 11 anos)

A criança passa de um período de pura imaginação para um período de realidade.

É a fase das coisas reais, que estão distantes, mas com possibilidades de serem alcançadas, e também de aventura.

As histórias reais podem satisfazer seus interesses. Nelas há personalidades que se destacam pela nobreza, pela inteligência, pelo idealismo, pela coragem, servindo a humanidade. As biografias podem e devem ser apresentadas, dentro de uma linguagem acessível, viva e cheia de interesse.

Normalmente, a menina lê mais do que o menino, interessando-se pelos assuntos familiares, sociais, escolares e atividades domésticas. O interesse dos meninos reside em biografias, aventuras, fatos policiais, mistérios, etc.

No programa do Intermediário devem ser apresentadas aulas que satisfaçam esta fase de interesse: Velho e Novo Testamento, Vida de José, Moisés, Jesus, Paulo de Tarso, etc.

Observação: A divisão em idades, separando a evolução dos interesses da criança, não é rígida. As fases se interpenetram, apresentando-se muitas vezes simultâneas. Porém, em determinada idade, há predominância de certos interesses que se diferenciam ainda quanto ao sexo e que são diversificados devido à procedência socioeconômica e nível intelectual.

3.1.2 FORMAS DE APRESENTAR HISTÓRIAS

São duas as formas pelas quais podemos apresentar as histórias: ler ou contar.

a) **Histórias lidas**

Quando o valor da história está também na beleza da linguagem, ela poderá ser apresentada através da leitura, principalmente para os ciclos Primário e Intermediário.

Há pormenores descritivos de ambiente, de cores, há originalidade de expressões que enlevam pela graça, que na história contada não poderiam ser reproduzidas com a fidelidade do trecho, mesmo que o narrador fosse "versátil", ou que tivesse memorizado o trecho. Devem ser lidos, apenas, os trechos ou as histórias, das quais, contadas, roubaríamos a graça e a riqueza das expressões.

- O evangelizador que se dispuser a utilizar essa forma de apresentação, além de dominar perfeitamente o mecanismo da leitura, deve ainda ter os seguintes cuidados:
- **Evitar a monotonia** — Efetuar leitura fluente, graciosa, movimentada, observando bem as pausas. A voz do narrador dará vida, graça e movimento ao trecho.
- **Olhar em volta de si** — Deve, de vez em quando, levantar os olhos do livro, fixando os ouvintes um a um.

b) **Histórias contadas**

Devem ser contadas as histórias que tragam a graça, a beleza e o interesse mais no enredo que na forma. São histórias que, apesar de contadas, não perdem seu encanto, pois seu valor está no enredo.

Normalmente, as histórias contadas são a forma de apresentação que as crianças preferem.

Proporcionam maior comunicação entre o evangelizador e os evangelizandos.

A história poderá ainda ser lida e contada, ao mesmo tempo, desde que haja trechos importantes, rimados, com estribilho, etc.

3.1.3 CARACTERÍSTICAS E CONDIÇÕES DO BOM CONTADOR DE HISTÓRIAS

Muitos julgam facílimo contar uma história. Puro engano. Para ser um bom contador de histórias é necessário o desenvolvimento de algumas habilidades. O modo de contar a história é a chave do conhecimento. Destacamos alguns aspectos importantes da narração:

a) **É condição indispensável que o narrador saiba sua história, conhecendo o enredo** com absoluta segurança. O evangelizador que lê a história um pouco antes da aula, não está apto a contá-la, pois as hesitações prejudicam o êxito da narrativa. Deve antes de tudo sentir o que conta, planejar a apresentação da história treinando a sequência dos fatos antes de contá-la.

b) **Modular a voz**, imprimindo-lhe ritmo monótono, com voz baixa nas cenas tristes; ritmo vivo, voz mais alta, com vivacidade nas cenas alegres; ritmo normal, voz natural nas descrições. Dar mobilidade aos olhos, fazendo gestos com as mãos. Mas cuidado com gestos exagerados. O exagero poderá resultar em ridículo. Se viver a história tudo será natural e não "fabricado".

c) **Falar com voz clara**, **agradável**, em tom não muito alto, nem baixo demais, nem depressa, nem devagar.

Ao tom baixo e monótono é preferível o alto. Contar com naturalidade, usando uma linguagem simples e correta. A linguagem deve estar a altura do entendimento das crianças. Durante a história, passar os olhos pelos ouvintes, dispensando a todos a mesma atenção.

d) **Não chamar a atenção de alguma criança que esteja desatenta** para não se arriscar a perder a atenção das demais, interrompendo a narrativa e perturbando-se. Procurar, ao contrário, tirar partido de alguma anormalidade ocorrida durante a narrativa. Não interromper a narração para fazer comentários (mesmo ligados à história), contando a história com ritmo constante.

e) **Nunca contar histórias com nível inadequado ao interesse da turma**.

f) **É muito importante que as crianças estejam, fisicamente, bem próximas ao evangelizador**, de preferência dispostas em semicírculo. As crianças devem estar bem acomodadas, pois o desconforto tende a quebrar o interesse. Por isso há maior dificuldade em contar histórias para turmas numerosas.

g) **Verificar se a história contém passagens, palavras ou locais que necessitem de explicação anterior**.

Caso existam, incluir a explicação durante a narrativa, ou substituir as palavras mais difíceis anteriormente, durante a preparação da história. As expressões e passagens desconhecidas das crianças que não podem ser substituídas, devem ser explicadas previamente, para não haver interrupções e falta de entendimento durante a narração.

h) **Verificar se a história já é do conhecimento das crianças**. O prévio conhecimento e a proximidade com que é contada, pode diminuir o interesse de alguns.

i) **Não colocar ênfase em pormenores sem importância**, nem se ater a comentários inúteis. Além de cansar, tira o valor das partes principais.

j) **Evitar tartareio**: Trocar "tá" por "está"; "né" por "não é"; "ocê" por "você".

l) **Evitar tiques e cacoetes**, como dizer sempre ao fim da frase: Certo?, Entende?, Compreende?, Aliás...etc. Evitar também o famoso *"chiu!", "psiu!"*. Fica parecendo "panela de pressão".

3.1.4 ELEMENTOS ESSENCIAIS DA HISTÓRIA

São quatro (4) os elementos essenciais da história:

INTRODUÇÃO, ENREDO, CLÍMAX E CONCLUSÃO.

a) **Introdução ou incentivo inicial**

Antes de iniciar a história, pode-se utilizar conversações, gravuras, diversidade de tipos de material didático, perguntas e outros recursos, que agucem a curiosidade e o interesse da criança com relação a ouvir e conhecer a história.

Deve ser curta e chamar a atenção. Pode-se localizar a história no tempo e no espaço (quando e onde aconteceu) apresentando-se os personagens com suas características próprias.

Apesar de muitos professores acadêmicos atualmente combaterem o início da introdução da história com o clássico *Era uma vez...*, consideramos que essa fórmula é do inteiro agrado da criança, podendo o evangelizador variar, a fim de não padronizar como, por exemplo: *Há muito tempo...; Certo dia...; Vivia em tal lugar...; Aconteceu certa vez...*

b) **Enredo ou sucessão de fatos**

É a sucessão da ação dos personagens. É o desencadear dos fatos que compõem a história, cuja sequência deve ser regular, de intensidade emocional crescente, até atingir o clímax da história. É importante velar o final ou o desfecho da história até o fim da mesma, para que as crianças não percam o interesse. O enredo deve ser movimentado, interessante, ter moral implícita, unidade e surpresa.

c) **Clímax acentuado**

É o ponto máximo da história, é o suspense, a surpresa que toda boa história deve conter, pois para ele converge toda a curiosidade e consequentemente o interesse da criança. Quanto mais imprevisto for o clímax, tanto mais valiosa será a história.

d) **Conclusão ou desfecho**

Após o clímax, a história deve chegar rapidamente à conclusão. É interessante que, sempre ao terminar de se contar uma história, ao invés de apontar a moral da mesma, levar a criança a raciocinar e tirar suas próprias conclusões a respeito.

9

Normalmente, quando a história se ajusta ao nível da criança, não é preciso que o evangelizador pregue a moral, pois a própria criança alcança a sutileza da moral implícita. Caso a criança não saiba tirar sozinha as conclusões sobre a moral da história, é porque a história está, por enquanto, acima de sua capacidade de compreendê-la.

3.1.5 ADAPTAÇÃO DE HISTÓRIAS

Algumas vezes, a história encontrada não apresenta as características necessárias a uma boa história. Surge, então, a necessidade de adaptarmos convenientemente às exigências previstas. Trocam-se frases, palavras e eis aí uma história servindo aos nossos propósitos.

Na adaptação, utilizamo-nos do seguinte critério:

a) **Nível mental da turma**

Primeiramente verificar se a história atende ao nível da turma a que se destina. Caso não sirva, simplificá-la ou ampliá-la , tornando-a ajustada à percepção das crianças.

b) **Assunto e conteúdo temático**

Verificar se a história gira em torno do tema, cuja moral desejamos ensinar. Eliminamos o desnecessário, construímos fatos que sugerem naturalmente a lógica, e que virão contribuir para marcar o tema com a moral implícita. Convém não esquecermos que o objetivo da história não é apenas ensinar a moral, mas também ensinar recreando.

c) **Elementos essenciais da história**

Na adaptação deve haver obediência aos elementos essenciais da história, acima expostos, para que na adaptação, a história transmita suavemente o objetivo moral.

d) **Extensão da história**

O ciclo Jardim exige histórias curtas e poucos fatos. As histórias muito extensas tendem a cansar as crianças.

No ciclo Primário, as histórias poderão ser mais extensas, porém com sequência de fatos marcantes, do contrário gera-se a monotonia. Quando a história a ser adaptada é longa demais, ou curta demais, a adaptação é feita de acordo com as necessidades do ciclo a que ela se destina. Eliminamos e aumentamos os fatos, cuidando para não perder a lógica.

As histórias curtas demais podem ser ampliadas, construindo-se fatos de valor, que prendam a atenção e estejam relacionados com a história. Marcar bem o clímax, permitindo que o desfecho cumpra com o objetivo moral.

As histórias extensas demais podem ser resumidas, não permitindo o desaparecimento dos fatos marcantes, relativos a seus elementos essenciais.

e) **Erro doutrinário**

Verificar se em algum ponto, a história colide com a Doutrina, eliminando-se dogmas e ritos que possam entrar em choque com a pureza doutrinária.

3.2 O CONTO

Segundo Câmara Cascudo, *"O conto nasceu do povo e foi feito para ele. É um documento vivo, denunciando costumes, ideias, mentalidades, decisões e julgamentos. Para todos nós, o conto é o primeiro leite intelectual."*

O conto é a mais antiga forma de narração, em seu sentido místico natural, de narrativa tradicional de "contar e ouvir".

As raízes do conto se fundamentam no mito e na lenda. A capacidade de ouvir e dizer é o ponto de partida da aprendizagem, nascendo com o próprio homem, unindo-se à fantasia e à imaginação infantil, que combina as imagens criadas e as refunde. À medida que a mente infantil recebe a narração, cria mentalmente o aspecto dos personagens, dando-lhes vida e movimento, situando-os de acordo com a paisagem em que ocorre cada trecho.

O conto mais antigo dizem ser "O marinheiro náufrago", escrito no Egito, cerca de 2.500 anos a.C., deduzindo-se que "Simbá, O Marujo" nele se inspirou.

O interesse pelo conto é tão forte e insaciável no homem de hoje, como o era antes que ele descobrisse o modo de fazer armas de pedra.

O conto é recreação fundamental na forma educativa e cultural da criança.

Toda aprendizagem se apoia na conversação ou narração, e o conto é a sua expressão mais atraente.

O conto deve agradar, comover e instruir, levando a criança a desenvolver sua sensibilidade e compreender as mais variadas ações da imperfeita criatura terrestre, fortalecendo a sua inclinação a evoluir nos preceitos do bem, despertando desde cedo, o mais possível, seu alicerce na prática das virtudes.

Os contos traduzem sempre o BEM e o MAL. Entretanto, é preciso que o evangelizador saiba excluir os contos sádicos, de dragões assassinos, bruxas perversas, ogros sanguinários e comedores de crianças.

Na literatura espírita, encontramos inúmeros contos de grande valor para todas as faixas etárias, escritos por Roque Jacinto, Meimei, Neio Lúcio, Irmão X, Hilário Silva e outros.

Entre os contos infantis, encontramos:

a) **Contos de fadas**

Os contos de fadas tiveram grandes divulgadores como Charles Perrault (França), Irmãos Grimm (Alemanha) e Hans C. Andersen (Dinamarca). Atualmente são inúmeros os autores que trazem contos graciosos e interessantes, inteiramente dedicados à criança, como Malba Tahan.

É uma narrativa menos intensa, com acentuada característica moral, que se revela sempre. Nos contos de fada o BEM sempre vence o MAL. Sendo imediatistas, as crianças manifestam profundo agrado pelos contos de fadas.

É aconselhável o uso **esporádico** desses contos em aulas, comemorações e festividades (teatro), a fim de não confundir o entendimento das crianças que podem achar que a ação dos Espíritos benfeitores assemelha-se à ação fictícia das fadas.

b) **Contos realistas infantis**

Narram as experiências reais da criança, do seu mundo, seus brinquedos, etc.

c) **Contos de aventuras**

Narrativas heroicas, policiais ou românticas.

d) **Contos científicos**

Ficção científica, para a fase escolar.

e) **Contos da natureza**

Sobre a terra, seu cultivo, o lavrador, o camponês, o jardineiro, o pastor, os bichos e suas vidas, seu meio ambiente e sua utilidade na vida.

f) **Contos éticos**

Também chamados moralizantes, como as fábulas e apólogos.

g) **Contos religiosos**

Da vida de figuras consagradas pelos ensinamentos e exemplificações morais.

h) **Contos biográficos**

Sobre a vida de grandes vultos da humanidade, notadamente os vultos espíritas.

3.3 A POESIA

A poesia é a primeira manifestação de expressão literária; é pela poesia que se iniciam todas as literaturas.

Omitir a poesia na vida da criança é suprimir-lhe uma das atividades mais ricas, pois a poesia é a forma mais viva e emocional da linguagem, conduzindo o homem a reconhecer seu semelhante, os seres, as coisas, a natureza, o Universo, em toda a sua grandeza.

É interessante incluirmos poesias na Evangelização Infantil, cujo fundo moral preencha as necessidades do tema proposto, variando e enriquecendo as atividades dos aprendizes. Cabe ao evangelizador selecionar as poesias de acordo com os interesses relativos à idade, e fazer com que as crianças leiam com emoção e sentimento.

Muitas vezes a alma infantil se emociona bem mais com a linguagem dos versos do que com a linguagem da prosa.

A criança gosta realmente da poesia desde que ouve e canta as cantigas de roda. Segundo Cassimiro Nunes e Mário da Silva Brito, não existe poesia determinadamente educativa, religiosa ou patriótica, simultaneamente, ela é tudo isso.

Atualmente, é vasto o campo da poesia na literatura espírita, trovas e versos contendo ensinamentos preciosos, trazidos pela psicografia de Francisco Cândido Xavier, de vários autores renomados.

Diz-nos o venerável Emmanuel:

> "*A poesia é um idioma diferente dentro do idioma e a trova é poesia diferente, dentro da poesia. Sabemos, outrossim, que as quatro linhas de uma trova encerram um mundo de imagens, vinculada às fontes de emoção e da ideia que as produzem. São gemas preciosas do pensamento, em síntese de consolo e esperança, beleza e ensinamento, paz e luz.*"
>
> Do livro: *Trovas do Outro Mundo*, Autores diversos / F.C. Xavier, FEB.

3.3.1 ETAPAS PARA APRECIAÇÃO DA POESIA

a) Incentivação — referência a título, ao autor e o uso de recursos que despertem o interesse.

b) Explicação — de vocábulos ou alegorias difíceis.

c) Leitura — em voz alta, pelo evangelizador, uma ou duas vezes, para que as crianças compreendam a ideia principal.

d) Leitura silenciosa pelos evangelizandos.

e) Apreciação da poesia — o evangelizador dirige os crianças na apreciação da poesia, destacando-lhe principalmente o que a poesia ensina, objetivo do autor, as comparações com o que ocorre no cotidiano. Deverá ser um comentário habilmente dirigido e não uma explicação literal da poesia.

f) Nova leitura da poesia pelas crianças.

g) Interpretação individual a respeito do ensinamento que a poesia traz.

h) Atividades relacionadas com a aplicação da poesia em coro falado, desenho, canto, etc.

A poesia também pode fazer parte das comemorações e festividades, podendo ser lidas nas reuniões entre pais e evangelizadores.

3.3.2 UTILIZAÇÃO DA POESIA EM CORO FALADO OU JOGRAL

No passado, jograis eram os músicos que cantavam ou recitavam em festas populares, mediante pagamento.

O coro falado ou jogral consiste num grupo de vozes, recitando uma poesia ou um trecho, com unidade e beleza.

O valor do jogral está em unir, recrear, disciplinar e educar a criança, ensinando-a a prestar sua colaboração no grupo ao qual pertence.

Atualmente os jograis são utilizados em teatros, principalmente em escolas (festividades e comemorações) com a participação de grupos uníssonos de vozes suaves e harmoniosas.

Na Evangelização Infantil, o jogral deve ser realizado com utilização de trechos ou poesias adequadas ao ambiente puro, saudável e moralizado, características desse agrupamento.

3.3.3 REQUISITOS PARA O CORO FALADO OU JOGRAL

a) Ritmo.

b) Elemento lírico (versos que agradem, emocionem e moralizem).

c) Diálogos.

d) Sons onomatopaicos.

e) Ação, movimento.

f) Musicalidade.

A poesia ou trecho para ser aplicado ao coro falado deverá antes ser apreciado pelas crianças. No ciclo Jardim e no ciclo Primário, as crianças não executam propriamente um coro falado, mas ganham habilidade de dizer em uníssono uma poesia ou um verso.

9

Além de desenvolver a dicção e a pronúncia, a importância do coro falado está também no encorajamento dos alunos tímidos, que nunca se sentem à vontade apresentando-se sozinhos.

3.3.4 ETAPAS DO CORO FALADO

a) Incentivação/Motivação.
b) Desenvolvimento.
c) Leitura geral pelo evangelizador.
d) Leitura geral pelas crianças.
e) Leitura de cada trecho indicada para cada criança.
f) Discussão sobre a maneira de apresentar cada trecho.
g) Divisão das crianças em grupos.
h) Treino de cada grupo, separadamente.
i) Treino em conjunto, com ritmo e cadência.

Na divisão das crianças em grupos, é importante uma voz solo desempenhada por uma criança com boa dicção. **1º Grupo**: vozes agudas (femininas). **2º Grupo**: vozes graves (masculinas).

O jogral poderá ser constituído de quantos grupos forem necessários, pois o importante é dar oportunidade para que todos participem.

Os grupos devem permanecer em semicírculo, para a apresentação.

3.4 A CRÔNICA

A crônica é um comentário literário em seção periódica nos meios de comunicação (jornais, rádios, televisão, revistas, etc.).

Trata-se da narração de fato acontecido na atualidade ou não, comentado e criticado pelo autor, que lhe imprime seu ponto de vista.

Na literatura espírita, são vários os autores de crônicas belíssimas, dos quais destacamos os veneráveis Irmão X e Hilário Silva. É de conhecimento generalizado os maravilhosos contos, crônicas, cartas e apólogos, cheios de beleza e profundidade moral, traduzindo experiências esclarecedoras, em vários setores do mundo espiritual.

De grande valor educativo, as crônicas dos referidos irmãos espirituais, poderão ser grandemente utilizadas no programa do ciclo Intermediário.

3.5 O TEATRO

O teatro é tão antigo como o próprio homem, porque o teatro é o instinto da humanidade. Desde o “faz de conta” infantil, atinge-se a realidade adulta, desenvolvendo, modificando, apresentando-se aspectos diferentes à cena, porém sempre “encenando”.

Entre os primitivos, o teatro era um ritual sagrado, uma festa dedicada aos deuses.

O teatro clássico vem da Grécia, das festas a Dionísio (Baco e Ceres).

Na Idade Média, a Igreja proibiu o teatro, renascendo no próprio meio com representações sacras.

No Renascimento, o teatro tornou-se livre, acompanhando o desenvolvimento da civilização, até nossos dias.

Primitivamente, no teatro, apenas existiam figuras masculinas. Com o tempo, foi introduzida a "máscara" feminina, e mais tarde, o próprio elemento feminino. Foi também introduzido o diálogo, o bailado e a música.

3.5.1 AS FORMAS E MODALIDADES DO TEATRO

Com o seu desenvolvimento, surgiram suas três formas de apresentação: a Tragédia, a Comédia e o Drama.

a) **A Tragédia** — traduzindo as questões sociais humanas no sacrifício e na morte.

b) **A Comédia** — a alegria hilariante e satírica.

c) **O Drama** — forma intermediária apresentando a dor e a alegria, tal como a vida humana.

3.5.2 O TEATRO E A EVANGELIZAÇÃO

Como vimos, o teatro é instintivo na humanidade e a criança é a mais viva expressão desta afirmação.

O teatro é fator educativo na evangelização, constituindo poderoso instrumento de auxílio na Evangelização Infantil. Quando a criança "vive" a história, a retenção do exemplo é muito maior, pois ao esforçar-se para representar o papel, desloca-se do próprio eu, assumindo nova personalidade.

Diz-se em Psicologia, que o teatro é a mais perfeita forma de educar e recrear, pois é a atividade que melhor corresponde a esses objetivos.

3.5.3 COMO APLICAR O TEATRO NA EVANGELIZAÇÃO INFANTIL

a) Toda a iniciativa e espontaneidade deve vir da criança, sendo o evangelizador apenas orientador, pois a criança tem muito mais qualidades teatrais do que o adulto; é rica na imaginação, espontaneidade e liberdade.

b) Dos 4 aos 6 anos (ciclo Jardim), o interesse teatral da criança reside em pantomimas, contos de fadas e bruxas, lendas folclóricas de bichinhos. As peças devem ser curtas e com enredo agradável, sempre trazendo uma mensagem de estímulo à prática das virtudes.

c) Dos 7 aos 9 anos (ciclo Primário), o interesse maior está na fábula e no folclore, apresentando-se peças com histórias reais, bem ao gosto desta idade. Até os 9 anos, frequentemente, as crianças ainda aceitam o conto de fadas.

d) A partir dos 10 anos (ciclo Intermediário), a criança manifesta fervorosamente sua preferência por histórias reais da vida, passagens biográficas que marcaram o elevado padrão moral dos que as viveram, etc. Assim, poderão ser encenadas pequenas peças com trechos do Velho Testamento e biografias de vultos espíritas.

e) As peças devem ser fáceis, em linguagem sóbria, correta, diálogos curtos e simples, conteúdo e enredo agradáveis e construtivos. Devem insinuar a moralidade, sem imposição.

f) A peça poderá ser improvisada num ângulo da sala, ao ar livre ou num jardim.

g) O mais importante no teatro é a aprendizagem audiovisual que transmite, pois educa o Espírito e a conduta. A imagem é aliada ao ensinamento, por isso é tão valorizada a reconstituição de roupas, locais e objetos da época em que a peça for vivida (roteiro).

h) O teatro deverá ter como objetivo o desenvolvimento do espírito de solidariedade e cooperação.

3.5.4 O TEATRO INDIRETO: MARIONETES, FANTOCHES, SOMBRAS

Muito antes da era cristã, já era conhecido o teatro de bonecos.

a) **As Marionetes** são originárias de Veneza (Itália). O teatro de marionetes é apresentado por bonecos movidos por fios, pelo alto do palco.

b) **Os Fantoches**, nome também de origem italiana, é atribuído aos bonecos manejados de baixo, com as mãos, e os braços esticados. A cabeça é oca, o que permite ao manejador introduzir os dedos para melhor movimentá-los.

c) **O Teatro de Varetas** compreende os bonecos recortados em cartolina ou papel cartão, movimentados num pequeno palco com uma vareta ou arame grosso colado atrás, manejados com a mão escondida abaixo do palco e que dá movimentos às figuras.

d) **O Teatro de Sombras** teve grande aceitação na França, onde chegou ao clímax no fim do século XVIII. É originário da China (sombras chinesas); o teatro de sombras é feito por meio de silhuetas. As figuras refletidas numa tela, iluminadas por trás, podem ser silhuetas pretas ou coloridas, com material transparente como, por exemplo, o celofane, nas partes vazadas (olhos, boca, enfeites, etc.).

O teatro indireto é um poderoso fator educativo na Evangelização Infantil. Através das imagens e conversações, a criança, recreando e divertindo-se, aprende a moral, sem imposições e pregações cansativas e monótonas.

A CRIANÇA APRENDE PELA SIMPLES E SÁBIA INSINUAÇÃO.

"A leitura realça o pensamento. Expande e força nossos músculos mentais.
Martela nossas opiniões frágeis, limitadas e intolerantes com novas ideias e fatos sólidos.
Estimula o crescimento, em vez do envelhecimento.
Nunca está só quem possui um bom livro para ler e boas ideias sobre as quais meditar."

AULA

10

REFLEXÃO

" Aperfeiçoar tudo o que puder, fazer tudo o melhor que puder, melhorar ainda mais aquilo que já estiver feito."

(Alegria de Servir, de Edson Pereira Neves)

10

Programa, Planejamento e Preparo da Aula

1. INTRODUÇÃO

Em primeiro lugar, antes de iniciarmos o planejamento e preparo da aula, devemos relembrar o compromisso que assumimos, ainda no plano espiritual, da sublime tarefa que é EVANGELIZAR À LUZ DA DOUTRINA ESPÍRITA. Por ser uma tarefa que nos comprometemos ainda no plano espiritual, é necessário que reservemos um tempo, dentro de nossa agenda cotidiana, para nos conectarmos com essa espiritualidade que anseia em nos ajudar.

Assim, devemos buscar acalmar nossos pensamentos, elevá-los ao alto, e pedir auxílio aos nossos benfeitores individuais e espíritos ligados a tarefa da evangelização, que nos intuam ao longo do processo de planejamento e preparo da aula. E já conectados com a espiritualidade superior, devemos relembrar o objetivo maior desta tarefa que é proporcionar o estudo e a vivência da Doutrina Espírita, em seu tríplice aspecto, e dos ensinos morais do Evangelho de Jesus, visando ao aprimoramento moral e à formação de pessoas de bem.

A finalidade do Espiritismo é educar, com base no conhecimento (fé raciocinada), no sentimento (vivência do amor) e na ação (trabalho no bem), para alcançar a vivência plena do amor. Portanto, uma aula bem planejada deve levar em consideração estes três aspectos (pensar – sentir – agir).

2. EMBASAMENTO TEÓRICO

O **Conteúdo Básico** deve respeitar sempre a Doutrina Espírita em seu tríplice aspecto, contido nas obras da codificação de Kardec, ou seja:

1. ***O Livro dos Espíritos***
2. ***O Livro dos Médiuns***
3. ***O Evangelho segundo o Espiritismo***
4. ***O Céu e o Inferno***
5. ***A Gênese***

Isto significa observar o conceito que a doutrina tem de Deus (causa primária de todas as coisas), a fé raciocinada, o bem ao próximo, a ideia de imortalidade do Espírito, sua origem e sua finalidade (a evolução).

2.1 CONTEÚDO COMPLEMENTAR

a) Deve ser fundamentado nas obras subsidiárias da Doutrina Espírita e das ciências convencionais, analisadas criteriosamente à luz da Doutrina Espírita e da razão.
b) Os livros da Evangelização Infantil, da Editora Aliança, que são compostos de:
Volume único Maternal (Para crianças de 0 a 3 anos)

10

Volumes A-B-C Ciclo Jardim (Para crianças de 4 a 6 anos)
Volumes A-B-C Ciclo Primário (Para crianças de 7 a 9 anos)
Volumes A-B Ciclo Intermediário (Para crianças de 10 a 11 anos)
Vol. "*Crescendo Cantando*" Letras de Músicas CD — um para cada ciclo [4]
O Livro dos Pais, volume 1 e 2 (para a Escola de Pais)

2.2 ESTRUTURA DOS LIVROS DA EVANGELIZAÇÃO INFANTIL

Cada volume dos ciclos Maternal, Jardim, Primário e Intermediário tem quarenta propostas de aula para atender à programação anual, sendo cada aula desenvolvida semanalmente. São tratados temas como, por exemplo:

Deus, Criação e Providência Divina
Velho Testamento
Anjo da Guarda
Biografias
Resumo da Vida de Paulo
Vícios
Imortalidade
Reencarnação
Ação e Reação
Mediunidade
Inferioridades a Combater
Boas maneiras
Cuidados com o corpo

Em cada livro há, no início, sugestões de atividades para desenvolver com as crianças durante o tempo de espera da aula e observações úteis.

Cada proposta de aula consta de:

- Reflexão para o evangelizador
- Sugestão de motivação inicial
- Sugestão para o desenvolvimento do conteúdo temático das aulas / história ilustrada
- Atividades de verificação e fixação da aprendizagem
- Sugestões de músicas
- Cantinho do saber

No passado, muito raramente, se encontrava alguma obra doutrinária infantil que realmente preenchesse sua finalidade, isto é, transmitir às crianças ensinos espirituais de uma forma acessível e dosada às suas mentalidades em formação.

---

4 O livro "Crescendo Cantando" e as músicas estão disponíveis para download no site da Editora Aliança (www.editoraalianca.com.br).

Esta lacuna foi sendo preenchida através de programas adaptados e desenvolvidos por grupos federativos e alguns autores preocupados com a literatura infantojuvenil.

Com a série de livros para a Evangelização Infantil, da Editora Aliança, esta falta foi sanada, através de historietas bastante simples, versando temas também simples e assemelhados a circunstâncias e fatos da vida humana comum.

Nada que represente complexidade ou exija esforços mentais que as crianças não possam ou não devam fazer.

2.3 PROGRAMA DA EVANGELIZAÇÃO INFANTIL

O programa deverá ser apresentado de acordo com a psicologia da criança, respeitando as fases do seu desenvolvimento, ou seja, de acordo com o interesse e a capacidade de compreensão da criança a que o programa se destina.

A criança deve iniciar o seu conhecimento através de matérias fáceis, seguindo numa sequência natural de dificuldades. Partindo do conhecido para o desconhecido, do próximo para o remoto, do concreto para o abstrato, do mais fácil para o mais difícil.

O evangelizador deve utilizar métodos e técnicas adequadas, bem como fazer uso de recursos e materiais que facilitem a aprendizagem.

Deve existir uma integração entre os temas, que se inter-relacionam e se complementam, oferecendo experiências que levem a criança a adquirir uma visão global do assunto tratado, dentro de sua capacidade de compreensão.

Deve, ainda, existir uma relação entre os programas de um ano para o outro, onde os temas se repetem e se completam, aproveitando experiências anteriores, formando um todo harmônico.

À medida que se repetem, os temas são trabalhados com maior profundidade.

A relação de todos os temas dos programas consta do livro "Vivência do Espiritismo Religioso", capítulo 2.1, Editora Aliança.

3. PLANEJAMENTO DO TRABALHO

A experiência demonstra que o número de turmas para um trabalho proveitoso é com 4 ciclos e a Escola de Pais, conforme estabelecido na Aula 2 — Implantação, Organização e Funcionamento do trabalho de Evangelização infantil. As turmas poderão ser agrupadas de acordo com as possibilidades de cada Casa Espírita.

3.1 O PLANEJAMENTO ENVOLVE

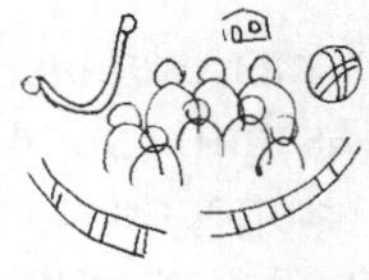

a) Escolher o ciclo para o qual vai dar aula.
b) Conhecer as características psicobiológicas da idade com a qual vai trabalhar.
c) Adaptar-se ao local / espaço e diversidade das crianças.
d) Conhecer os demais evangelizadores com os quais vai trabalhar.

e) Escolher o programa a ser desenvolvido, seguindo como primeira sugestão, os livros da série Evangelização Infantil — Editora Aliança.
f) Estudar e conhecer os assuntos e recursos contidos em cada livro da Evangelização Infantil.
g) Utilizar-se do item "avaliação da aula" para futuras alterações.
h) Adaptar as histórias segundo o perfil do seu público infantil.
i) Elaborar o programa de aulas no mínimo a cada dois meses, prevendo possíveis ausências e substituições.
j) Planejar as festividades com os outros evangelizadores de ciclo.
k) Estabelecer metas a serem alcançadas em sala e no trabalho em geral.
l) Não poupar esforços pela divulgação e "conquista de espaço" para o trabalho dentro do Centro com os dirigentes e Diretoria.
m) Desenvolver campanhas para a coleta de material didático a ser utilizado nas aulas: papel, lápis, cola, tesouras, cartolinas, etc.
n) Agendar as reuniões mensais e comparecer em pelo menos 50% delas.

4. O PLANEJAMENTO DA AULA

O plano de aula é a trajetória da aprendizagem a desenrolar-se com o objetivo de atingir um novo conhecimento, é a sequência de tudo o que vai ser desenvolvido com a criança, visando a fixação dos objetivos que se quer alcançar, o conteúdo, a motivação, os recursos e as atividades que serão utilizadas.

Um bom planejamento deve ser elaborado em função das necessidades e da realidade apresentada pelas crianças, prevendo-se estímulos adequados a fim de motivá-las a criar uma atmosfera de comunicação entre evangelizador e crianças que favoreça a aprendizagem, levando-se em conta as disponibilidades da Casa Espírita (salas, evangelizadores, tempo, recursos).

Toda atividade bem planejada traz resultados satisfatórios, pois os objetivos são atingidos, portanto, é de real importância o planejamento de uma aula.

Naturalmente o planejamento não deve ser rígido e inflexível, mas deve ser um roteiro de ação, flexível, que poderá ser mudado para atender às reais necessidades das crianças.

4.1 A IMPORTÂNCIA DO PLANEJAMENTO DA AULA PARA A EVANGELIZAÇÃO INFANTIL

As aulas nas escolas de evangelização precisam ser profundas, pois as crianças de hoje têm condições de assimilação e discernimento. Não podemos fazer da Evangelização apenas momentos para passar o tempo, descompromissadamente, onde entregamos alguns lápis de cor, alguns desenhos e revistinhas para as crianças se distraírem.

As crianças/jovens precisam desenvolver o senso de compromisso com a vida e a sociedade em que vivem, para tornarem-se melhores, mais participantes.

Não só teorizar sobre Deus, criação, leis da natureza, etc.; é necessário que aliemos estes ensinamentos à vivência no dia-a-dia.

Para que isso aconteça, o evangelizador precisa estar consciente da sua tarefa e de sua responsabilidade moral e espiritual com as crianças, da mesma forma que o professor reconhece o seu dever de alfabetizar.

Desenvolver nas crianças, através de "campanhas", a solidariedade, a participação nos problemas sociais. Despertar nela a emoção e o sentimento de visitar lugares carentes.

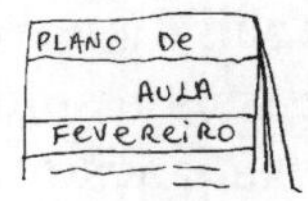

4.2 O PLANEJAMENTO DEVERÁ PREVER

a) Os objetivos gerais a serem alcançados com as crianças, de forma bem clara.
b) O conteúdo para o desenvolvimento do programa do ciclo para um período determinado.
c) Os procedimentos ou técnicas passíveis de serem utilizados e os recursos de ensino.

4.3 DETALHAMENTO DO PLANO DE AULA

a) **Escolha, estudo e elaboração da aula** — Ter em mãos o livro do ciclo escolhido. Conhecer o tema a ser abordado, procurar a leitura de obras correlatas. Estimar a duração provável do assunto relativo ao tema da aula, que poderá ser desenvolvido em uma, duas ou mais semanas, dependendo do método utilizado.
b) **Escolha e preparo do material didático a ser utilizado e das várias fases em que se divide a aula** — Procurar material adicional (por exemplo, sucata).
c) **Confecção das ilustrações** — Colorir os desenhos que ilustram a história em suas várias fases. As ilustrações são muito importantes no desenvolvimento da acuidade visual. Podem ser utilizados outros recursos para se ilustrar a história, como por exemplo, cartazes que prendem a atenção, atraem e transmitem muito. Devem ser bem coloridos, com desenhos, colagens, pinturas, em cartolina ou papel cartão.
d) **Arrumação da sala** — Exposição de figuras, cartazes, frases, disposição das cadeiras e outros materiais a serem utilizados.
e) **Recepção e acolhimento das crianças**.
f) **Conversação e atividades para o tempo de espera da aula**.
g) **Preparação do ambiente espiritual seguro**.
h) **Prece** (indispensável) — Após o ensino do *Pai Nosso*, no Primário, pedir para uma criança fazer a prece no início e para outra fazê-la no final da aula. Este procedimento também será usado no Intermediário. Para o Maternal e Jardim a prece deve ser cantada (veja *Crescendo Cantando*, músicas 20 e 22 do CD 1).
i) **Verificar em cada um dos ciclos, sugestões para o enfoque e a abordagem dos temas.**
j) **Estudar a história correspondente** — Para que a mensagem a ser transmitida seja clara e proveitosa.
k) **Fazer um resumo do assunto a ser tratado** — Anotar os exemplos e itens que não podem ser esquecidos. Lembrar que o método é um meio para se chegar aos objetivos e não um fim em si mesmo.

l) **Preparar recursos extras** — Para poder transmitir ou transformar a aula segundo a necessidade.

m) **Bibliografia** — Anotar a fonte de consulta (nome do livro, apostila ou revista, endereço de sites).

n) **Motivação da aprendizagem** — Recursos para interessar a criança nas atividades que serão desenvolvidas. Lembrar que o interesse deve se estender por toda a aula, ou seja, a atividade deverá trazer em si mesma a motivação para despertar e dar continuidade ao interesse da criança por todo o tempo que durar a aula.

o) **Fixação da aprendizagem** — Atividade que tem como objetivo a retenção da aprendizagem e de seus resultados. Deve ser adequada ao desenvolvimento da faixa etária e diversificada (dramatização, jogos competitivos [5] e colaborativos, palavras cruzadas, pintura, dobradura, atividades de modelagem, recortes, exercícios rítmicos...)

p) **Verificação da aprendizagem** — Como o nome indica, é a fase de verificar os resultados, que devem ser analisados minuciosamente, podendo assim o evangelizador ter ideia do quociente de assimilação da turma. Quando 10% da turma não responde às questões corretamente ou apenas não responde porque não sabe, pode o evangelizador justificar da seguinte forma: evangelizandos desatentos ou dispersivos; doença física e indisposição incapacitando da criança, etc. Porém, quando 90% da turma não corresponde à expectativa do evangelizador, ou a aula foi transmitida em nível elevado demais, acima da capacidade das crianças, ou ainda, o evangelizador deverá ter a humildade de analisar-se quanto ao efetivo preparo da aula.

q) **Atividade recreativa** — Atividades extras planejadas para situações em que sobre tempo em uma aula regular. Seu objetivo é divertir, recrear, dando oportunidade à vazão da criatividade da criança.

r) **Canto** — O canto deverá fazer parte de todas as aulas dos ciclos Jardim e Maternal e espaçadamente nos demais ciclos.

s) **Prece de encerramento e vibrações** — Breve agradecimento aos mentores, ao anjo da guarda, Jesus, pelo aprendizado do dia. As vibrações são o nosso desejo de fazer o bem para o próximo. [6]

t) **Preenchimento da ficha de planejamento da aula e a auto-avaliação** — Retomar o planejamento para as seguintes reflexões: Os objetivos foram alcançados? As crianças se interessaram pelas atividades? Houve participação ativa das crianças? O que deverá ser mudado ou melhorado para que haja maior interesse e aprendizagem?

[5] Os jogos competitivos são importantes por divertirem e desenvolver o espírito de competição (autorrealização). Canalizar o instinto natural de agressividade, no sentido de lutar por coisas construtivas, como a aquisição do saber e do aprendizado da moral cristã. Jogando, movidos pelo sentimento de competir, tornam-se mais atentos à aula, e com isso aprendem. O jogo deve ocorrer periodicamente, nunca, entretanto, em aulas seguidas. Se houver possibilidade, oferecer prêmios individuais como: livros de histórias infantis, de pintura, bolacha, balas, chocolates, camisetas, bonés, canetas, etc.

[6] A título de sugestão indicamos o roteiro para as vibrações finais da aula para a turma do Intermediário: "Vamos fazer as vibrações finais da nossa aula, deixando falar os nossos corações, e na companhia dos amigos espirituais, do nosso irmão Jesus e nosso Pai Criador, ajudarmos os que necessitam: Desejamos paz para o mundo todo, para o nosso querido país, para todos aqueles que estão desempregados, sem casa para morar. Abraçamos todas as crianças e os jovens, para que possam ter escola, alimento, roupas e carinho. Queremos também pedir para os velhinhos para que sejam amparados e que tenham quem cuide deles. As nossas vibrações vão para os hospitais e lugares onde as pessoas estão sofrendo doenças incuráveis e muitas dores, que o querido doutor Bezerra de Menezes possa confortá-las e amparar a todas. Não vamos esquecer aqueles que já estão no mundo espiritual e que precisam das nossas preces, entre eles os nossos parentes e amigos. E agora com muito carinho, vibramos para todos os lares da Terra, para que tenham paz. E, para encerrar, vamos vibrar por todos nós e que Jesus nos ajude a sermos bons para sermos felizes. Que assim seja!"

4.4 PLANO DA AULA Nº 9 PARA O MATERNAL

Ciclo: *Maternal* *Programa único* *Evangelização Infantojuvenil*

REFLEXÃO

A benevolência para com os semelhantes, fruto do amor ao próximo, produz a afabilidade e a doçura, que são a sua manifestação.
Allan Kardec, *O Evangelho segundo o Espiritismo*, cap. IX, item 6.

Tema/Conteúdo **Bondade**

Despertar esse sentimento em relação ao próximo.

Motivação inicial **Imitação da voz dos animais**

Perguntar às crianças como faz a vaca, o passarinho, o pato, o cachorro e o gato.

Verificação/Fixação **Levar para passear**

O evangelizador chama uma criança pelo nome e lhe dá a mão, dizendo que vão passear, como os personagens da história. Em seguida chama outra e mais outra, formando um cordão de amigos, que passeiam pela sala. Usar um fundo musical bem alegre.

Consultar trilha musical para Evangelização Infantojuvenil
***Crescendo Cantando*, Editora Aliança.**
Músicas sugeridas no CD nº 1: 28, 32, 41.

História: A BONDOSA VAQUINHA

Era uma vez uma vaquinha que fazia muu...

A vaquinha era amiga do passarinho que fazia piu-piu. E o levava para passear.

Um dia o patinho que fazia quac-quac, viu a vaquinha que fazia muu..., levando o passarinho que fazia piu-piu... e também quis passear.

A vaquinha bondosa levou o passarinho e o patinho.

O cachorrinho que fazia au-au, viu a vaquinha que fazia muu... levando o passarinho que fazia piu-piu... e o patinho que fazia quac-quac... e também quis passear.

Então a vaquinha bondosa levou o passarinho, o patinho e o cachorrinho.

O gatinho que fazia miau-miau, viu a vaquinha que fazia muu... levando o passarinho que fazia piu-piu..., o patinho que fazia quac-quac... e o cachorrinho que fazia au-au... e também quis passear.

E a vaquinha bondosa levou todos os seus amigos para passear.

Data:

Avaliação da Aula:

4.5 PLANO DA AULA Nº 5 PARA O JARDIM

Ciclo: *Jardim* *Programa: A* *Evangelização Infantojuvenil*

Reflexão

"A abnegação, que é sacrifício pela felicidade alheia, sublima o espírito."

Tema/Conteúdo **Altruísmo**

Despertar o altruísmo nesta idade é tarefa bem difícil, pois a criança é egocêntrica. O evangelizador mostrará que ser altruísta é uma coisa muito boa, bonita e compensadora, pois conseguimos conquistar muitos amigos. O evangelizador não vai dizer à criança que o tema da aula é ALTRUÍSMO, mas passará através da história essa virtude.

Motivação inicial **Vaso com flor**

Levar um vaso com uma rosa e borrifá-la com água para ficar com gotinhas orvalhadas. Vocês sabem o que é orvalho? Quem tem jardim em casa? Quem já viu como ficam as flores pela manhã?

Verificação/Fixação **Multiplicar e distribuir a folha de atividade**

Para pintarem e colarem papel laminado prateado em formato de gota sobre a pintura, imitando a gotinha de orvalho.

Consultar trilha musical para Evangelização Infantojuvenil *Crescendo Cantando*, Editora Aliança.
Músicas sugeridas no CD nº 1: 47, 49.

Cantinho do saber: É melhor fazer uma boa ação sem esperar por algo em troca.

História: A GOTINHA DE ORVALHO E A FORMIGUINHA

A gotinha de orvalho era linda e brilhava como se fosse uma estrela do céu. A madrugada a trouxera com carinho, deixando-a cair no miolo de uma flor.

A flor, uma linda rosa, se perfumara para recebê-la e a guardara com cuidado, receosa de vê-la fugir.

— Quando a primavera chegar – pensava –, quando todas as flores se abrirem, vou enfeitar-me com essa linda gotinha de orvalho e o próprio sol virá admirá-la. E ela brilhará como grande diamante!

Muitos insetos do jardim vieram espiar a pequenina gota de orvalho.

— Tão bonita!... – diziam uns.

— Maravilhosa! – afirmavam outros.

Até um velho sapo, que quase não falava com ninguém e vivia encorujado a coaxar à beira da lagoa, chegou alvoroçado perguntando:

— Onde está a linda gotinha de orvalho? Onde está?

A rosa abriu a pétala perfumada e o sapo pôde ver quanto brilhava a pequena gota de orvalho.

Voltava maravilhado, a repetir, sem descanso:

— Tão linda! Tão linda! Tão linda!...

Uma formiguinha que também soubera da linda flor resolveu dar uma volta maior pelo caminho e aproveitar para ver a linda gotinha, mas por ter andado muito e pelo grande calor que fazia, acabou desmaiando.

A rosa já se dispunha a esconder a gotinha de orvalho para que ninguém mais a aborrecesse, quando ouviu um grande falatório. Espiou curiosa, e viu uma porção de bichinhos tentando reanimar a formiga.

— O que aconteceu? O que foi?

— A pobrezinha desmaiou! – explicou o Grilo.

A rosa se inclinou para enxergar melhor.

— A pobrezinha é capaz de morrer – afirmou o Gafanhoto. – Por que vocês não fazem alguma coisa?

— Já chamamos o doutor – disse a Joaninha. – Deve chegar a qualquer instante!

— E ela deve estar fazendo falta aos seus filhinhos! Estão esperando por ela! – exclamou o vaga-lume, olhando a formiguinha doente que continuava estendida no chão sem dar sinal de vida.

— É – disse, suspirando, uma borboleta que por ali passava. – Já que voo rápido, vou ver seus filhos como estão.

Foi nesse instante que o doutor Gafanhoto chegou. veio de fraque verde e cartola, numa pose que só vendo!...

— Onde está a formiguinha doente? – perguntou, franzindo a sobrancelha.

Ele examinou-a estendida no chão e sua carranca ainda ficou maior quando olhou para sua carinha.

— Arranjem-me um pouco d'água!

Todos se olharam. Onde haviam de arranjar água, se há dias não chovia?

— Vamos – disse o Gafanhoto – Arranjem um pouco d'água se não querem ver esta pobrezinha morrer.

A rosa estremeceu, lembrando da gota de orvalho, e voltou a se esconder na folhagem.

Ah! Não! A gotinha que brilhava como diamante, iria enfeitá-la quando surgisse a primavera.

Seria como uma estrela a brilhar, uma joia a lhe enfeitar! Não poderia perdê-la! Mas sem a sua ajuda a formiguinha iria morrer.

Ela acariciou, mais uma vez, a gota de orvalho e, inclinando-se, deixou-a deslizar sobre as pétalas perfumadas, para depois cair, como lágrima, sobre a formiga que estava desmaiada.

Que maravilha! A formiguinha acordou, olhou em volta e viu tantos bichinhos preocupados com ela. Soube da ajuda da rosa, agradeceu-lhe pelo favor e por ter deixado cair a linda gotinha que lhe enfeitava e que ela gostava tanto. Assim, pôde caminhar para o seu formigueiro para encontrar-se com suas filhinhas. Enquanto ali em volta da rosa os bichinhos olhavam agradecidos e muito contentes para aquela que demonstrou ser uma grande amiga. Olhavam-na e achavam que ela estava mais bonita ainda apesar de não ter mais a gotinha que mais parecia uma joia brilhante.

Data:
Avaliação da Aula:

10

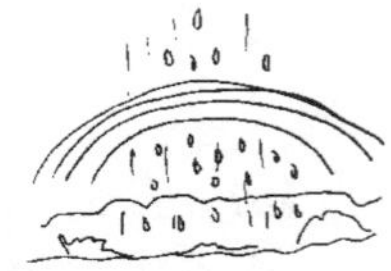

4.6 PLANO DA AULA Nº 36 PARA O PRIMÁRIO

Ciclo: *Primário* *Programa: B* *Evangelização Infantojuvenil*

Reflexão

"Bem-aventurado o homem que segue vida afora em espírito! Para ele, a morte aflitiva não é mais que alvorada de novo dia, sublime transformação e alegre despertar!"

Xavier, F. Cândido (Emmanuel) – Pão Nosso, cap. 82.

Tema/Conteúdo **Imortalidade**

Transmitir a ideia de que o plano espiritual é uma continuidade de nossa vida. Abordar o tema morte de maneira natural, ressaltando que o espírito é imortal, ou seja, sobrevive à morte do corpo físico ou desencarne.

Motivação inicial **Questionamento**

— À noite, o que vocês acham que acontece com o Sol?

Nós não o vemos, mas sabemos que ele está brilhando do outro lado da Terra e que, com certeza, voltaremos a vê-lo no dia seguinte.

Verificação/Fixação **Multiplicar e distribuir a folha de atividade**

Para a criança descobrir os 7 erros e colorir a figura.

Multiplicar e distribuir a folha de atividade

Para que a criança recorte e cole os detalhes da figura nº 4. Levar círculos de papel laminado dourado para cobrir o Sol. Recortar cartolina em formato de nuvem, no tamanho suficiente para encobri-lo. Colar a nuvem num palito de sorvete ou espetinho de madeira. Cortar a figura no pontilhado, colocar a nuvem e movimentá-la por detrás, pela haste (palito de sorvete ou espetinho de madeira).

Consultar trilha musical para Evangelização Infantojuvenil
***Crescendo Cantando*, Editora Aliança.**
Músicas sugeridas no CD nº 2:14.
Veja também no CD nº 3 a música26.

Cantinho do saber: Você sabia que o Sol é uma estrela e possui um volume 1.300.000 (um milhão e trezentas mil) vezes maior que o do nosso planeta?

10

História: A DESCOBERTA DE ANDRÉ

André era um menino que dedicava grande amor a seus pais e também à avozinha, que morava numa casa de tijolos vermelhos, bem em cima de um morro.

Certa tarde, voltando da fazenda do tio Fernando, onde passara as férias, André teve a desagradável surpresa de não encontrar os pais em casa. Sabia que o pai só chegaria à noite. Mas, e a sua mãe? Àquela hora, ela costumava estar em casa. Como tio Fernando tivesse de voltar em seguida, André ficou sozinho à espera dela.

A tarde estava triste e chuvosa. André sentou-se perto da janela, ouvindo as gotas de chuva que batiam na vidraça; pensava então:

— Que esquisita fica esta casa sem a mamãe! Que silêncio!

Nisso lembrou-se da vovó. Olhou pela janela e viu lá no alto do morro a casa de tijolos vermelhos onde ela morava.

— Que bom se eu pudesse estar lá também! — pensou outra vez.

Mais um pouco e parou a chuva, o Sol brilhou na estrada lamacenta. André não se conteve e resolveu ir até lá.

Pelas ruas, o ar estava fresco. As folhas molhadas brilhavam como ouro e de cada galhinho caíam gotas brilhantes como cristal! Passarinhos cantavam alegremente.

André achava tudo tão lindo que nem se lembrava mais de que estava triste e sozinho.

Subiu ao morro, depressa. Mas, quando chegou diante da casa da avó, viu que as persianas estavam fechadas. Esquisito! Abriu o portão e bateu à porta. Ninguém respondeu! Bateu outra vez, outra vez. Nada! Estava pensando no que ia fazer, quando um homem desconhecido gritou para ele, da rua:

— Não adianta bater, mocinho. Não há ninguém aí. Dona Zulmira, faz três dias que ela morreu.

André ficou como uma pedra! Parecia que o mundo todo ficara escuro e que os passarinhos tinham parado de cantar. Dona Zulmira? Mas, esse era o nome de sua avó! Então, tinha morrido?

Meio tonto, começou a correr. Tinha um nó na garganta. Passou o portão e, sempre correndo, foi pelas ruas até que chegou em sua casa. A mãe, que já havia chegado e o avistara da janela, percebeu de onde ele vinha, chorando desesperadamente, e correu ao seu encontro, abraçando-o comovida.

Quando serenou um pouco, levou-o até o jardim e falou-lhe com meiguice:

— Que pena que não pude eu mesma dar a notícia da morte da vovó, e você soube assim de surpresa, mas eu quero que você repare, meu filho, como o Sol está lindo e forte! Ainda há pouco estava escondido por nuvens negras e ameaçadoras. Quando você olhava o céu nublado e escuro pela chuva, pensou por acaso que o Sol teria deixado de existir?

André, ainda soluçando, sacudiu a cabeça como a dizer não.

A mãe continuou, apontando para uns botõezinhos, que apareciam na roseira ao lado do portão:

— Lembra como estas roseiras estavam sem folhas? Repara agora quantas, novinhas, vêm brotando. Elas não estavam mortas, não é mesmo?

André concordou com a cabeça.

— Olhe aqui! — disse outra vez a boa senhora, parando diante de uns pés de flores já crescidas.

10

— Lembra, meu filho, quando vovó plantou as sementes? Pensava que estavam mortas, tão secas e pequeninas que eram. Mas não estavam mortas, não é mesmo?

André parou de soluçar e fez sinal que não. Então a mãe, acariciando-lhe o rosto molhado de lágrimas, tornou a falar, comovida:

— Quando Jesus morreu na cruz, seus discípulos pensavam que Ele tivesse mesmo morrido e deixado de existir para sempre. Mas Jesus está morto, André?

O menino, de novo, sacudiu a cabeça negativamente. Sentiu então um agradável alívio no coração. Parou de chorar. Olhou para o céu: o Sol estava brilhando, derramando vida por toda a Terra. Olhou para as roseiras cheinhas de novas folhas, para as flores coloridas e ouviu outra vez o canto dos passarinhos. Sim, eles tinham cantado todo o tempo! Podia ouvi-los muito bem. E virando-se para a mãe, com um brilho terno no olhar, disse com voz rouca:

— Então, vovó não morreu! Ela ainda vive!

— Sim, meu filho, ela não está morta! A vida que Deus dá a você, a mim, a seu pai, a todas as criaturas, enfim, não pode acabar com o desaparecimento de um corpo. Como as flores que murcham para que as sementes voltem a nascer e dar outras flores. Assim é nosso corpo, vai para a terra e o espírito, ou a sementinha voltará para uma nova vida, esperando um pouco, no plano espiritual a sua vez para voltar.

Brilharam mais ainda os olhos de André. Um sorriso triste aflorou-lhe aos lábios. Suspirou e disse num murmúrio:

— Que bom! Agora estou mais tranquilo.

E mãe e filho, abraçados, entraram em casa.

Data:

Avaliação da Aula:

4.7 PLANO DA AULA Nº 14 PARA O INTERMEDIÁRIO

Ciclo: *Intermediário* *Programa: A* *Evangelização Infantojuvenil*

REFLEXÃO

"O verdadeiro homem de bem é o que cumpre a lei de justiça, de amor e de caridade, na sua maior pureza."

Allan Kardec, O Evangelho segundo o Espiritismo, cap. XVII, item 3.

Tema/Conteúdo **Ação e reação**

Esclarecer sobre a consequência de nossos atos na vida futura.

Motivação inicial **Bola na parede**

Levar uma bolinha de tênis ou uma equivalente. Pedir que algumas crianças, uma de cada vez, a lancem na parede. Atirar com mais força ou devagar e observar o que acontece.

Desenvolvimento da aula **João Batista, o precursor.**

No tempo em que a Palestina era governada por Herodes, havia nas montanhas da Judéia um homem chamado Zacarias. Ele era casado com Isabel. Ambos eram já velhos e não tinham filhos. Certo dia, quando Zacarias estava no templo, sentiu que se aproximou dele um mensageiro do Senhor, um espírito de elevada categoria. A princípio Zacarias assustou-se, pois não esperava a visita. E o espírito disse:

— Não tenhas medo. Eu sou Gabriel. Deus me enviou para te dizer que tua mulher, Isabel, terá um filho, que deverá receber o nome de João.

Passado algum tempo, nasceu um lindo menino que, quando crescesse, deveria anunciar a vinda de Jesus à Terra e preparar o coração dos homens para receber os ensinamentos do Mestre.

De que maneira João fez isso? Ensinando os homens a se tornarem melhores, lembrando-os de seus erros e dizendo-lhes para evitá-los. João batizava derramando água sobre as pessoas. Ele queria que todos compreendessem que, daquele dia em diante, deveriam viver de maneira diferente, procurando fazer o Bem e evitando o Mal. Ora, algumas pessoas não gostavam que lhes apontassem as faltas e ficavam com raiva de João. Entre essas pessoas estava uma mulher de nome Herodíades que, sendo casada com o irmão do rei, casara-se com o próprio rei Herodes. João, querendo que o rei se tornasse melhor, disse-lhe que isto não estava certo. Por este motivo Herodíades não gostava de João e vivia pedindo ao rei que o mandasse matar. O rei, sabendo ser João um homem respeitado pelo povo, teve receio de atender o pedido de sua mulher, mas mandou prendê-lo.

10

Já fazia algum tempo que João estava preso, quando chegou o aniversário de Herodíades. Houve uma festa, a que compareceram as pessoas mais importantes do país. Em dado momento, Salomé, filha de Herodíades, começou a dançar, e tão bem dançou que Herodes, entusiasmado, disse:

— Podes pedir o que quiseres, até a metade do meu reino te darei.

A moça procurou a mãe para saber sua opinião e Herodíades então, deu-lhe uma ideia. Salomé chegou diante do rei e pediu:

— Quero que me dês a cabeça de João Batista.

O rei ficou surpreso e triste mas, orgulhoso como era, não podia voltar atrás diante daquelas pessoas que estavam presentes à sua festa. Chamou um guarda e deu a ordem. Entregou a Salomé a cabeça de João Batista numa bandeja de prata. A jovem Salomé, meio horrorizada, entregou à sua mãe a cabeça de João.

Sabemos que Deus é justo e não deixa que o mal aconteça a quem quer que seja, sem que haja uma razão para isso. João era um homem bom, correto, no entanto, Deus permitiu que ele fosse morto. João nada tina de mau naquela vida, que o tornasse vítima de um castigo tão cruel. Mas em uma encarnação anterior, João Batista havia sido o profeta Elias.

Esse profeta Elias tinha feito coisas boas, mas havia cometido um grande erro também, quando mandou degolar diversos sacerdotes pagãos que adoravam ídolos e que tinham um deus chamado Baal. Como Elias, ele não pagou por esse crime, mas foi resgatá-lo numa outra encarnação, em que se chamou João Batista.

Muitas vezes acontecem coisas que não compreendemos, mas ao conhecermos o que aconteceu em outras vidas, vemos que tudo tem uma causa e a justiça Divina é infalível.

Verificação/Fixação **O feitiço virou contra o feiticeiro**

Com as crianças sentadas em círculo, pedir que cada uma dê uma tarefa para o colega da esquerda cumprir (cantar uma canção, imitar um animal, fazer flexões...). Depois que todas as crianças estipularam a tarefa, o evangelizador diz que "o feitiço virou contra o feiticeiro"! E pede que a própria criança cumpra aquilo que havia pedido ao colega.

Sequência de desenhos

Observar o desenho e propor uma ação positiva para obter uma reação também positiva.

Consultar trilha musical para Evangelização Infantojuvenil *Crescendo Cantando*, Editora Aliança.
Músicas sugeridas no CD nº 3: 1, 29.

Cantinho do saber: Um cientista inglês chamado Isaac Newton, que viveu no século XVII (1642-1727), descobriu, através da observação da natureza, a lei de ação e reação. Isto é, que a toda ação corresponde uma reação de mesma intensidade e em sentido oposto.

Dica/Bibliografia

Diversos, autores - *Iniciação Espírita*, cap. 32 "A lei de ação e reação", Editora Aliança.

Diversos, autores - *Entendendo o Espiritismo*, cap. 15, Editora Aliança.

Mateus, 3: 1-17; 14: 1-13.

Marcos, 1: 1-15; 6: 14-29.

Data: ___/___/____

Avaliação da Aula:

5. ANEXOS

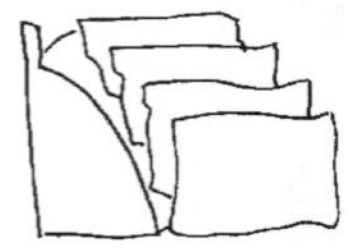

Os anexos são formulários e tabelas desenvolvidos para atender as necessidades de avaliação e acompanhamento das crianças na Evangelização Infantil, conhecer a opinião e sugestão dos pais como da participação dos Evangelizadores junto às crianças.

1. Ficha de cadastro para crianças na evangelização infantil
2. Cadastro dos voluntários da evangelização infantil
3. Escola de pais – questionário de avaliação do programa
4. Questionário de avaliação do curso de preparação de evangelização da infância
5. Observação em sala parte prática – estágio em todas as turmas
6. Planejamento de aula – evangelização infantil
7. Ficha de presença semanal dos evangelizadores por turmas
8. Relatório de presença/mês
9. Ficha de frequência de evangelização infantil

ANEXO 1

FICHA DE CADASTRO PARA CRIANÇAS NA EVANGELIZAÇÃO INFANTIL					
Nome:		Idade:		Sexo:	
Data de Nascimento:					
Nome do Pai:					
Nome da Mãe:					
Endereço Res.:					
Cidade:		CEP		Tel. fixo:	
DDD/Celular:		E-mail:			
Estuda?		Escolaridade:			
Tem algum problema de saúde, qual?					
Toma remédio?		Tem alergia?			
Faz tratamento? Qual?					
Comportamento:	( ) calmo ( ) agitado ( ) agressivo ( ) outro: ____________				
Personalidade:	( ) tímido ( ) extrovertido ( ) outro: ____________				
Tem medo de algo?					
Tem distúrbio de sono?					
Alimenta-se bem?					
Atividades de maior interesse:	( ) Leitura ( ) Teatro ( ) Canto ( ) Música ( ) Desenho ( ) Dança ( ) Poesia ( ) Pintura ( ) Escrever ( ) Esporte ( )				
Qual o comportamento de seu filho na escola? (Com os colegas, professores, funcionários, etc.)					
Qual o comportamento de seu filho no lar? (Com os pais, irmãos, empregados e demais familiares)					
Tem irmãos?	( ) sim ( ) não				
Nome e idade dos irmãos	1.____________ Idade: ______ 2.____________ Idade: ______ 3.____________ Idade: ______ 4.____________ Idade: ______ 5.____________ Idade: ______				

MATRÍCULA NA EVANGELIZAÇÃO INFANTIL			
Ciclo:		Data de Inscrição:	
Já participou da Evangelização Infantil?	( ) sim ( ) não	Há quanto tempo?	
Qual a sua expectativa com a Evangelização Infantil do seu filho? ____________			
Assinatura do Pai ou responsável			

Nos termos da Lei Geral de Proteção de Dados Pessoais (LGPD), Lei Federal nº 13.709/2018 e demais leis sobre o tema, comunicamos que os dados colhidos neste formulário serão de uso exclusivo no trabalho de EvangelizaçãoInfantil do Centro Espírita ____________
____________.

Anexo 2

CADASTRO DOS VOLUNTÁRIOS DA EVANGELIZAÇÃO INFANTIL

Nome ____

End. Res. _______________________________________ Nº _____

Bairro: ____________________ CEP __________ - _____ Fone: ____________

Estado Civil __________________ Profissão ____________________________

Tem filhos? __________________ Idades ______________________________

E-mail ______________________________________

Escolaridade ______________________________ Data Nasc. ____/____/____

Escola de Aprendizes turma? ______________ Ingresso FDJ ano: ______________

Quais os livros da Codificação de Kardec que você já leu? (responder no verso)

Participa de outras atividades no Centro? Quais? ____________________________

Já fez curso de preparação para evangelizador infantil? ________________________

Em que Ano? _______

Por que você escolheu o trabalho de Evangelização Infantil?

____

Você possui alguma habilidade artística? __________________________________

Qual? ______________________________ Gostaria de colocar em prática? _______

Observações / Sugestões:

____

____

Data: _____ /_____ /_____ Ass. ___________________________________

Nos termos da Lei Geral de Proteção de Dados Pessoais (LGPD), Lei Federal nº 13.709/2018 e demais leis sobre o tema, comunicamos que os dados colhidos neste formulário serão de uso exclusivo no trabalho de EvangelizaçãoInfantil do Centro Espírita ____________ ____.

ANEXO 3

ESCOLA DE PAIS — QUESTIONÁRIO DE AVALIAÇÃO DO PROGRAMA

1) De maneira geral, como você sentiu as reuniões e as palestras durante este ano?

Expositores: ____________________

Métodos adotados: ____________________

Ambiente/local: ____________________

Recepção/Entrosamento: ____________________

Aproveitamento das aulas: Bom ( ) Médio ( ) Regular ( ) Fraco ( )

2) Os temas tiveram utilidade prática para você? Sim ( ) Não ( )

Comente: ____________________

____

3) Você gostaria de ter mais tempo para conversação livre? Sim ( ) Não ( )

Com que frequência? ____________________ Sugestão: ____________________

____

4) Dos temas apresentados este ano, escolha 03 para serem repetidos no próximo ano:

1) ____________________

2) ____________________

3) ____________________

5) Escreva 03 temas ou assuntos novos que você gostaria que fossem apresentados:

1) ____________________

2) ____________________

3) ____________________

6) Alguma aula causou polêmica, insatisfação ou constrangimento? Sim ( ) Não ( )

Por quê? Cite/comente: ____________________

____

7) Qual é o motivo principal que o traz à Evangelização Infantil?

a) Pelas aulas de Moral Cristã das crianças. ( )
b) Pelo passe/tratamento do meu filho. ( )
c) Para participar da Escola de Pais. ( )

8) O que você sugere de maneira geral para melhorarmos as aulas da Escola de Pais?

____

Agradecemos a participação e a colaboração de todos.

Favor devolver este questionário hoje mesmo ou até dia: _____/_____/______

Anexo 4

QUESTIONÁRIO DE AVALIAÇÃO DO CURSO DE PREPARAÇÃO DE EVANGELIZADORES DA INFÂNCIA

1) Os assuntos aqui abordados foram do seu interesse? Comente.

____

____

2) Você acha que as matérias aqui tratadas ajudarão o seu trabalho com as crianças? Por quê?

____

____

3) Algumas das matérias poderiam ser dispensáveis? Quais? Por quê?

____

____

4) O que foi de mais valia para você? As matérias teóricas ou as apresentações práticas?

____

____

5) Você gostaria de ter maior oportunidade para troca de ideias, ou o tempo reservado para tal foi satisfatório?

____

____

6) Você já trabalha na Evangelização Infantil? Sentiu-se mais preparado (a) para o trabalho após o curso?

____

____

7) Se você ainda não é evangelizador (a), acha que a partir do curso tem condições de iniciar o trabalho?

____

____

8) O que é de fundamental importância para o evangelizador?

____

____

9) O que é de fundamental importância para as crianças?

____

____

10) Você está pronto e disponível para o trabalho?

____

____

Nome ______________________________Fone __________

Centro Espírita _________________________Data ____/____/____

ANEXO 5

ESTÁGIO – OBSERVAÇÃO

Centro Espírita visitado ____

Ciclo Observado__________________________ Data _____ /_____ /_____

Estagiário (a):____

Relatar o que e como foi feito em cada um dos itens abaixo:

1) Entrada das crianças – acolhimento

2) Atividades durante o tempo de espera

3) Preparação/prece

4) Motivação Inicial (despertar da curiosidade)

5) Tema da aula e material utilizado

6) Participação e atenção das crianças

7) Desenvolvimento da aula (história, dinâmica, teatro...)

8) Atividades para fixação do tema

9) Atividade recreativa

10) Música

11) Encerramento

Anexo 6

PLANEJAMENTO DE AULA – EVANGELIZAÇÃO INFANTIL		
DATA:	TURMA:	Nº DE CRIANÇAS PRESENTES:
AULA:		
TEMA:		
OBJETIVOS (o que espero que as crianças saibam):		
MOTIVAÇÃO INICIAL (descrever os recursos/atividades que serão usados para motivar a turma para a aula):		
DESENVOLVIMENTO DA AULA (descrever os recursos que serão utilizados para desenvolver a aula: história, texto, teatro, etc.):		
VERIFICAÇÃO/FIXAÇÃO DA APRENDIZAGEM (recursos/atividades que serão utilizados para verificar o aproveitamento ou para fixar a aprendizagem):		
AVALIAÇÃO GERAL (inclusive autoavaliação):		

Anexo 7

PRESENÇA SEMANAL DE EVANGELIZADORES POR TURMA - ANO ____					
MÊS:	DIA:	DIA:	DIA:	DIA:	DIA:
MATERNAL	1 -	1 -	1 -	1 -	1 -
	2 -	2 -	2 -	2 -	2 -
	3 -	3 -	3 -	3 -	3 -
	4 -	4 -	4 -	4 -	4 -
	5 -	5 -	5 -	5 -	5 -
JARDIM	1 -	1 -	1 -	1 -	1 -
	2 -	2 -	2 -	2 -	2 -
	3 -	3 -	3 -	3 -	3 -
	4 -	4 -	4 -	4 -	4 -
	5 -	5 -	5 -	5 -	5 -
PRIMÁRIO	1 -	1 -	1 -	1 -	1 -
	2 -	2 -	2 -	2 -	2 -
	3 -	3 -	3 -	3 -	3 -
	4 -	4 -	4 -	4 -	4 -
	5 -	5 -	5 -	5 -	5 -
INTERMEDIÁRIO	1 -	1 -	1 -	1 -	1 -
	2 -	2 -	2 -	2 -	2 -
	3 -	3 -	3 -	3 -	3 -
	4 -	4 -	4 -	4 -	4 -
	5 -	5 -	5 -	5 -	5 -
ESCOLA DE PAIS - DIRIGENTE	1 -	1 -	1 -	1 -	1 -
	2 -	2 -	2 -	2 -	2 -
	3 -	3 -	3 -	3 -	3 -
ESCOLA DE PAIS - EXPOSITOR	1 -	1 -	1 -	1 -	1 -
	2 -	2 -	2 -	2 -	2 -
TOTAL GERAL					

Anexo 8

CENTRO ESPÍRITA________________								
EVANGELIZAÇÃO INFANTIL								
RESPONSÁVEL:								
RELATÓRIODE FREQUÊNCIA DO MÊS: _____ /_____								
DATA	MATERNAL	JARDIM	PRIMÁRIO	INTERMEDIÁRIO	TOTAL	PAIS	VOLUNTÁRIOS	OBS.

Anexo 9

CENTRO ESPÍRITA ________________________________

FICHA DE FREQUÊNCIA DA EVANGELIZAÇÃO INFANTIL

EVANGELIZADOR (A):

TURMA:

IDADE:

ANO:

NOME	FEV.	MAR.	ABR.	MAI.	JUN.	JUL.	AGO.	SET.	OUT.	NOV.	DEZ.

AULA

11

REFLEXÃO

" Louvado sejas, Meu Senhor! Porque por vosso amor,
há quem perdoa e sente todos os males pacientemente.
Feliz o que na paz perseverar, porque no céu Deus o há de coroar!"

Francisco de Assis

11

Recursos de Ensino — Material Didático
Jogos e Recreações — Canto

1. RECURSOS DE ENSINO

Recursos de ensino são todos os materiais ou condições que estimulam a criança predispondo-a à aprendizagem.

Em aula, quando usados de maneira adequada, tais recursos são excelentes auxiliares na estimulação da criança, servindo para:

a) Motivar e despertar interesse.
b) Ilustrar noções abstratas.
c) Auxiliar a capacidade de observação.
d) Aproximar a criança de situações vivenciais.
e) Desenvolver experiências concretas.

1.1 CLASSIFICAÇÃO DOS RECURSOS

a) **Recursos Visuais** — Slides, fotografias, gravuras, cartazes, álbum seriado, cartaz de pregas, flanelógrafo, varal de cartazes, filme, transparência, mural didático, mapas, lousa, quadros, exposição, objetos diversos e gráficos.
b) **Recursos Auditivos** — Discos, fitas cassetes, CD, rádio, plataformas de podcast.
c) **Recursos Audiovisuais** — Filmes sonoros, teatros, videocassete e DVD, televisão e slides com som, microcomputadores.
d) **Recursos Naturais** — Água, plantas, pedras, animais, etc.
e) **Recursos da Comunidade** — Bibliotecas, museus, cinemas, parques, jardins, indústrias, lojas, etc.
f) **Recursos Humanos** — Evangelizadores, amigos, pais, parentes e pessoas da comunidade; obras sociais: creches, asilos, orfanatos, hospitais, albergues.

1.2 UTILIZAÇÃO DOS RECURSOS

Para escolher um recurso deve-se levar em conta a natureza do que está sendo ensinado. Determinado tema necessita de certo tipo de recurso, como slides ou cartazes, enquanto outro tema será melhor desenvolvido, usando os próprios recursos da natureza.

Deve-se conhecer muito bem o recurso a ser utilizado, para usá-lo adequadamente. Os recursos devem visar os objetivos a serem alcançados, portanto, a escolha deverá ser criteriosa.

Entre os recursos existentes para atender à sua finalidade, os mais indicados para o trabalho de evangelização em sala são os seguintes:

a) **Teatro Infantil**

- **Marionetes**
  Os personagens são de borracha, plástico ou madeira (bonecos, bichos, etc.) com fios amarrados nos membros para a devida movimentação. Deve haver modificação na voz, para que o controlador do boneco não seja reconhecido, "perdendo-se" o personagem. O processo utilizado é o mesmo da dramatização dos fantoches.
- **Fantoches**
  Serve para todas as idades, por ser simples, objetivo e dinâmico. Deve-se provocar diálogo entre os fantoches e as crianças da plateia, desinibindo-as. Os fantoches não são movimentados por cordéis, como as marionetes. São bonecos ou bichos "ocos", com as cabeças de borracha ou massa, e os corpos feitos de pano, por onde se introduz a mão do manejador, que lhe dá movimento e voz. Tanto para os fantoches como para as marionetes, é preciso escrever os papéis e ensaiar a apresentação. Pode-se usar histórias da literatura infantil, passagens do Evangelho, ou histórias inventadas, de acordo com a necessidade do tema. Tanto para o teatro de marionetes, como para o de fantoches, pode ser construído um biombo com um cortinado, tendo ao fundo um cenário.
- **Sombras**
  O teatro de sombras consiste na manipulação de um boneco de varas, entre uma luz e uma tela, o que faz com que o espectador, sentado diante da tela, veja apenas a sombra do boneco. Pode ser construído usando-se uma caixa de madeira ou chapa dura de madeira. Abre-se um retângulo no fundo que servirá de "palco" e onde será afixado o cenário feito de papel vegetal pintado. Instala-se uma lâmpada por detrás do cenário (a uma distância de 50 cm).

  Uma só pessoa poderá movimentar os personagens, pintados e recortados. Caso os personagens sejam vários ao mesmo tempo, requer-se mais uma pessoa para movimentação.

  Convém modificar a voz. Ter presente uma pessoa para narrar e controlar o fundo musical (ou ser substituído por fita gravada). A criatividade do evangelizador é muito importante na dinamização da peça.

b) **Discos Infantis (histórias), Fitas Gravadas (cassetes) e CD**
Desenvolvem a acuidade auditiva e reflexão. A criança aprende a ouvir, discernir, refletir e interpretar. Ouvir é um estímulo à conversação.

c) **Slides**
Projeção de histórias da clássica literatura infantil ou cenas fotográficas. O slide é muito interessante e tem maior alcance na aprendizagem, se for acompanhado de narrativa sonora, relativa a cada cena, destacando-se os pontos mais importantes para a aprendizagem do tema evangélico. Os slides da literatura infantil eram encontrados em lojas de fotografias e discos. Atualmente podem ser feitos a partir de programas de computador.

d) **Projetor multimídia ou data show**
As gravuras da história podem ser digitalizadas e projetadas na parede / tela.

e) **Filmes/Desenhos**
Transporta a criança a grandes distâncias, dando a conhecer: homens, costumes, habitações, processos de trabalho, flora, fauna e todas as regiões do globo.

Fixa a aprendizagem em todos os sentidos. Devem ser escolhidos com cuidado, procurando ressaltar os conteúdos construtivos.

1.3 IMPORTÂNCIA DA UTILIZAÇÃO DE RECURSOS VARIADOS

No processo de aprendizagem e na utilização dos recursos citados (sobretudo orais e visuais), deve-se levar em consideração ainda que a porcentagem de retenção do conhecimento é variável, conforme nos dá conta os quadros e indicadores seguintes:[7]

Método de Ensino	Depois de 3 horas	Depois de 3 dias
Oral	70%	10%
Visual	72%	20%
Oral + Visual	85%	65%

Como aprendemos... (1)

(Retenção mnemônica = arte e técnica de desenvolver e fortalecer a memória mediante processos artificiais auxiliares. Ex.: a associação daquilo que deve ser memorizado com dados já conhecidos ou vividos — combinações e arranjos, imagens, etc.)

Porcentagem de retenção mnemônica

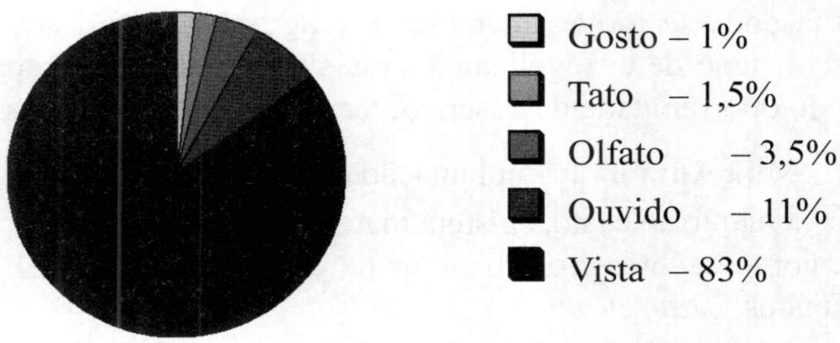

Como aprendemos... (2)

Porcentagem dos dados retidos pelos estudantes

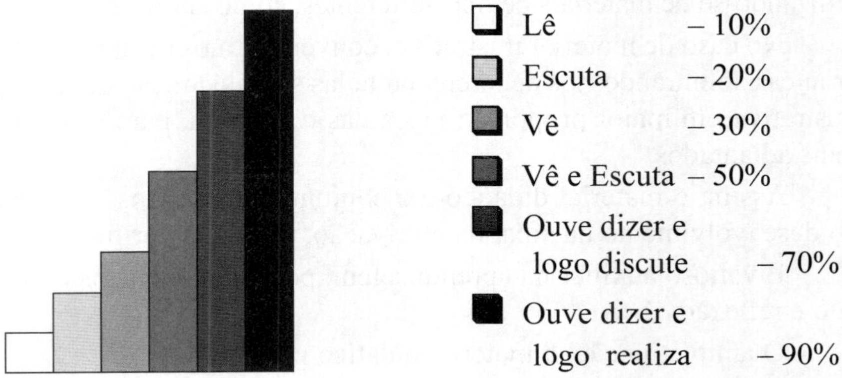

[7] Fonte: Socony – Vaccum Oil Co. Studies.

11

2. MATERIAL DIDÁTICO

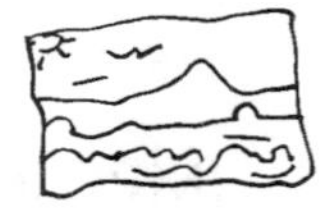

Entende-se por material didático todos os objetos que auxiliam o Evangelizador em sua função educativa.

O material didático pode ser utilizado como incentivação inicial, para despertar o interesse dos evangelizandos para o assunto a ser desenvolvido, no próprio desenvolvimento da aula, ou nas atividades após apresentação da matéria, para fixação da aprendizagem.

Observação: Temos notado, na evangelização, talvez pela falta que os evangelizadores sentem de material adequado para o assunto em suas aulas, uma tendência para superestimar a importância dessa falta. O acervo do material didático é custoso e demorado, demanda criatividade, tempo, organização e conservação. É uma aquisição progressiva ao longo dos anos de trabalho junto às turmas da Evangelização Infantil.

Todavia, é preciso lembrar que o material didático, em si, nada vale, sem o espírito do evangelizador para vivificá-lo e fazê-lo frutificar.

Uma solução permanente e ampla para o problema do material didático precisa e deve ser encontrada. Os esforços nesse sentido, porém, devem se desenvolver de forma persistente e progressiva.

Enquanto isso, compete aos evangelizadores acrescentar às suas múltiplas atividades a de organizar e confeccionar o material didático indispensável às suas aulas. Feita em grupos, essa tarefa pode se tornar interessante e agradável, e é bom mesmo que os evangelizadores se valham do concurso de evangelizandos mais adiantados, no preparo desse material, aos quais estarão assim, dando oportunidade de desenvolver uma série de aptidões.

Veja Aula nº 2: Implantação e Funcionamento de Trabalho da Evangelização (1.3).

Quanto ao custo, existem materiais cujo investimento é mais caro, como os projetores multimídia, TV, computadores e outros, e os de custo mais acessível, como lousa, caixa de areia, palcos, mapas, desenhos, cartazes, etc.

Convém notar que será interessante variarmos sempre o uso do material didático, quer empregando-o, ora na motivação inicial, ora no desenvolvimento, ora nas atividades de fixação de aprendizagem, utilizando-se de materiais de tipos diferentes, como cartazes, fantoches, máscaras e outros.

No caso de material ilustrativo, convém termos sempre em mente a capacidade de abstração das crianças, lembrando-nos de intercalar aulas sem ilustração com aulas ilustradas e empregando material ilustrativo em maior proporção nas aulas de Jardim, para irmos diminuindo seu emprego nos ciclos mais adiantados.

Assim, o material didático é o conjunto de recursos utilizados pelo evangelizador para auxiliar no desenvolvimento da aula: na motivação, fixação e verificação da aprendizagem.

É valioso auxiliar na aprendizagem, pois alicerça o ensino em todos os sentidos: audição, visão, tato e reflexão.

Quanto à função, o material didático pode ser:

- **Ilustrativo** — É o material utilizado pelo evangelizador para tornar seu ensino mais atraente, mais compreensível, como, por exemplo, desenhos, gravuras, mapas, projeções e gráficos.
- **De trabalho** — É o material manipulado ou construído pelas crianças. Ex.: mapas, moldagens com massas plásticas, gesso, recortes, desenhos, jornal mural, etc.

11

Dos materiais didáticos, os de emprego mais generalizado nas aulas de evangelização são os que relacionamos a seguir:

a) **Gravura**

Desenhos, recortes, pinturas, que ilustram a história em suas várias fases. Muito importante no desenvolvimento da acuidade visual.

Não utilizar excesso de gravuras numa só aula. De vez em quando, utilizar uma só, pormenorizando-a ao máximo.

b) **Cartazes**

Semelhantes às gravuras, os cartazes prendem a atenção, atraem e transmitem muito. Devem ser bem coloridos, com desenhos, colagens, pinturas, em cartolina ou papel cartão.

c) **Flanelógrafo**

Uma folha de chapa dura de madeira ou madeira de balsa (leve) de 50 cm x 1,50 m, recoberta por flanela grossa ou feltro. As gravuras e cartazes, para serem afixadas no flanelógrafo, precisam conter tiras de lixas grossas (para madeira) coladas por detrás, para aderirem ao feltro.

d) **Lousa / quadro branco**

É um material que prima pela flexibilidade. Usado para escrita, desenhos, mensagens, etc. Está sempre pronta para transmitir o pensamento da criança e do evangelizador. Conforme o tipo de lousa pode-se utilizar giz (branco e colorido) ou canetas para quadro branco.

e) **Imantógrafo**

É semelhante ao flanelógrafo, porém ao invés de feltro usa-se uma folha de metal. As gravuras ao invés de lixas são coladas em ímãs. As figuras poderão estar em relevo, se colocadas sobre caixas de fósforos, e estas em ímãs.

f) **Caixa de areia**

Um caixote de 15 cm de altura, por 30 cm de largura e 50 cm de comprimento. Enche-se 2 /3 de sua capacidade com areia. Fixa-se nas gravuras uma base endurecida (papelão) ou vareta para penetrarem na areia. A caixa de areia serve, também, para jogos como "a pescaria".

g) **Prancheta**

Substitui a mesa. Colocada sobre os joelhos, serve para escrever, desenhar, pintar, modelar, etc. Bastante útil e deve ser utilizada nas turmas de Primário e Intermediário.

3. O CANTO

A VOZ HUMANA É O MAIS PERFEITO INSTRUMENTO QUE EXISTE... CANTANDO...

"Para que a alma se dilate e se expanda no arrebatamento das alegrias superiores é bom que a harmonia venha a juntar-se à palavra e ao estilo, é necessário que a música venha abrir a inteligência pelas vias que levam à compreensão das leis divinas e da beleza eterna. A música é a língua Divina que expressa o ritmo dos números das linhas, das formas, dos movimentos... eco enfraquecido da harmonia soberana que preside a marcha dos mundos."

Leon Denis

11

"A música é o melhor refrigério para um desconsolado, por sua causa o coração serena, reconforta e renova-se."
Lutero

A música não é matéria complementar, é base de educação e cultura.

O homem aprendeu a usar instrumentos e cantando a uma só voz atravessou toda a antiguidade.

O medo dos fenômenos naturais, a necessidade de defesa e comunicação, naturalmente levaram os primeiros homens a movimentarem-se e emitir sons em forma ritmada.

A música tem base na natureza: o ritmo, por exemplo, está presente nos pêndulos, no movimento dos astros, nas batidas do coração, respiração, andar, etc.

A tonalidade está presente no som do vento, no mar, trovão, canto dos pássaros e na voz humana.

A música é, sem dúvida, um fator educativo de primeira grandeza.

O pensamento seguinte explica facilmente esta afirmação:

— *A música foi criada para falar à sensibilidade.*

Por ser a criança toda sensibilidade, sente-se especialmente fascinada pela beleza da música, ficando encantada quando pode estar, de algum modo, junto dela.

A música apresentada em forma de canções ou de trechos executados em instrumentos, exerce fascinante atração sobre os pequeninos, mas se quisermos vê-los mergulhados num prazer imenso, num mundo pleno de alegrias, façamo-los manejarem seus próprios instrumentos. Façamo-los musicistas, pois através do canto e dos instrumentos musicais poderemos realizar este anseio infantil, aproveitando e desenvolvendo o potencial rítmico que já existe neles.

A música é o ritual da existência, é simultaneamente religiosa e profana; é ela que dá à vida cotidiana o seu sentido sagrado. É, portanto, uma linguagem superior, não é a linguagem da razão ou da vida diária, é mais uma das grandes forças misteriosas que animam o homem.

"Diversos trabalhos espíritas, para maior eficiência, se beneficiam de música apropriada como, por exemplo, o de vibrações para curas, o de efeitos físicos e outros.

A música apropriada não será, naturalmente, a música mundana, fútil, criada para a dança e o lazer como, também, não será aquela que expressa ou estimula sentimentos animalizados, mas sim a música serena, a melodia suave que enleva o Espírito e o transporta às esferas celestiais, a música harmoniosa cujas vibrações correspondem às dos sentimentos elevados de fé, amor e alegria.

A chamada música sacra, em geral, também se ajusta aos trabalhos espíritas, formando ambiente, afastando os Espíritos de suas preocupações angustiantes, dulcificando os corações amargurados ou endurecidos.

Para preparar ambiente, saturá-lo de vibrações elevadas, apaziguar os corações, para ajudar a emissão de fluidos, para tudo serve a música, conquanto não represente um ato ritual mas, simplesmente preparatório e auxiliar nos trabalhos espíritas.

Nas reuniões ou atos públicos e piedosos do espaço é a música utilizada amplamente como alto elemento inspirador e de deleite espiritual, conforme constatamos pelas obras que descrevem a vida nessas esferas felizes."

(Extraído do livro *Trabalhos Práticos de Espiritismo*, Edgard Armond, Editora Aliança.)

3.1 UTILIDADE E OBJETIVOS DO CANTO NA EVANGELIZAÇÃO

a) Educar a manifestação rítmica da criança, individual e coletivamente, desenvolvendo o gosto artístico.

b) Promover o controle associado da ação neuromotora à do pensamento.

c) Promover a sociabilização das crianças favorecendo-lhes aquisição de hábitos e atitudes disciplinadas em conjunto.

d) Cultivar o hábito da cooperação.

e) Estimular a confiança em si própria.

f) Desenvolver a iniciativa e a disciplina.

3.2 COMO ENSINAR O CANTO NA EVANGELIZAÇÃO

Relacionamos a seguir algumas informações básicas e muito simples, mas importantes para o evangelizador ensinar as crianças a cantarem, sem conhecer música:

a) Utilizar o canto "à capela", ou seja, cantar sem acompanhamento musical, decorando a letra e a melodia.

b) O evangelizador somente deverá cantar com as crianças quando tiver segurança da letra e melodia devidamente memorizadas.

c) Explicar as palavras difíceis ou desconhecidas das crianças antes de começar a cantar.

d) Pedir para as crianças ouvirem atentamente a música acompanhada da letra (escrita na lousa, cartolina ou distribuída em papéis individualmente).

e) As crianças deverão cantar sozinhas decorando a letra.

f) Depois de aprendida, a música poderá ser cantada junto com CD, fita, disco e/ou cantor.

g) NUNCA ensinar a música exclusivamente através de gravador.

h) Ensinar a canção por partes (versos ou frases).

i) Não deixar que as crianças cantem junto enquanto estiver ensinando.

j) Repetir quantas vezes precisar para que as crianças aprendam certo.

k) É mais fácil ensinar do que corrigir.

l) Cantar é um prazer e não obrigação.

m) Músicas acompanhadas com gestos: Os movimentos devem ser sempre ensinados depois que o grupo tenha aprendido melodia e letra, já sabendo cantar com segurança.

n) Dos 0 aos 7 anos — Deve-se cantar em todas as aulas.

o) Dos 8 aos 10 anos — Deve-se incluir a música em algumas aulas, recordando-as vez ou outra, para depois ensinar música nova.

p) Dos 11 aos 13 anos — Deve-se convidá-los a cantar explicando e demonstrando o quanto é bom e agradável. É a idade em que as crianças estão passando por mudanças físicas, inclusive e principalmente a voz, sentem inibição em expor-se; o canto deverá ser incentivado e colocado esporadicamente nas aulas.
q) Músicas longas devem ser ensinadas em 3 ou 4 aulas.
r) O repertório deve ser composto por músicas que incentivem brincadeiras, que descontraiam, acalmem e que exijam maior disciplina.
s) Não se deve ensinar somente algumas músicas, assim como não é recomendável um extenso repertório, pois todas as canções devem ser trabalhadas para atender a objetivos programados para um determinado momento.
t) Deixar fora da evangelização as músicas populares, de auditório e "da moda", salvo aquelas que traduzam mensagens que atendam ao nosso objetivo de "cantar evangelizando".

3.3 ESCOLHA DAS MÚSICAS NA EVANGELIZAÇÃO

O canto desenvolve poderosamente o senso rítmico da criança, influindo em sua vida, segundo sua sensibilidade. O canto confraterniza e socializa a criança. A turma fica risonha e harmoniosa, tornando o trabalho agradável.

O canto, de preferência, deve referir-se ao tema evangélico ou ao conteúdo das histórias.

Para efeito de fixação e recreação quando, por exemplo, contamos uma história em que um dos personagens é uma lagartixa, poderemos cantar alguma cantiga que fale do bichinho.

Como sugestão consultem a trilha musical para Evangelização Infantojuvenil *Crescendo Cantando* da Editora Aliança.

A escolha das canções merece especial atenção e devem:

a) Ser educativas.
b) Ser construtivas.
c) Ter letras de moral elevada.
d) Ser adequadas à idade.
e) Conter harmonia musical.
f) Desenvolver a boa dicção, pronúncia.
g) Buscar tom suave.

Pode-se ensinar também o canto "bocca chiusa" (entoar a canção sem abrir a boca).

Na evangelização pode-se utilizar os cantos religiosos, folclóricos e cantigas de roda.

- **Religiosos** — Sensibilizam, estimulando a emotividade. Podem iniciar a aula ou encerrá-la. Devem ser cultivados, porém alternados com outras modalidades.
- **Folclóricos** — Expressão em canções dos costumes tradicionais de um povo. Músicas de festas juninas e cantigas de roda, pois são cheias de ritmo e cor. Alegram, comunicam e divertem.

EVANGELIZADOR! SIGA O DITADO: "QUEM CANTA SEUS MALES ESPANTA".

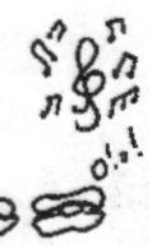

3.4 CORAL INFANTIL

Deve haver interesse da direção do trabalho e dos evangelizadores no incentivo para a formação de um coral infantil, motivando as crianças para a participação. A experiência tem demonstrado que, apesar de serem poucos os participantes, o resultado é muito gratificante.

Para que o trabalho seja bem aceito e possa contar com a participação das crianças e dos pais é aconselhável que os ensaios sejam no mesmo dia da evangelização, após o encerramento das aulas e do tratamento espiritual. A duração dos ensaios, quando no mesmo dia das aulas, não deverá ser superior a 30 minutos semanalmente.

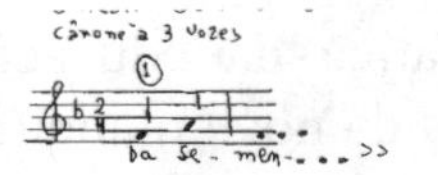

3.4.1 OBSERVAÇÕES ÚTEIS

a) É imprescindível que o dirigente do coral conheça música e toque algum instrumento.

b) Os ensaios ficam mais produtivos com acompanhamento musical (piano, teclado, violão, percussão).

c) Faixa etária — Não existe uma idade específica para as crianças participarem do coral. Desde o Maternal, mesmo não estando alfabetizadas ainda (as crianças têm muita facilidade em decorar as letras), até o Intermediário, dependendo da vontade delas, e não dos pais, pois música é arte e arte não se impõe.

d) Local apropriado — De preferência uma sala isolada, onde não haja circulação de pessoas, para não atrapalhar a concentração das crianças.

e) Escolha das músicas — Procurar formar um repertório alegre, com músicas vibrantes, não necessariamente de teor evangélico, mas que em sua letra possam passar uma mensagem construtiva. Explicar à criança o que a letra da música quer dizer. Resgatar músicas antigas que tenham relação com algum tema apresentado.

f) Procurar fazer um intercâmbio com outros Centros para troca de partituras.

g) Escolher um repertório que seja agradável também ao público que irá assistir, músicas e autores conhecidos, adaptações de músicas populares, etc., respeitando também a opinião das crianças, aceitando suas sugestões desde que as músicas obedeçam ao critério e à coerência da sua finalidade.

h) Postura do regente — O regente deve procurar decorar as músicas, a fim de transmitir segurança às crianças. Articular bem as palavras para que os pequenos possam decorar a letra da música corretamente e manter a disciplina sem ser rígido demais.

4. JOGOS E RECREAÇÕES

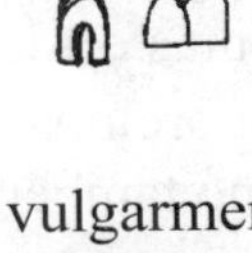

4.1 DEFINIÇÃO

A palavra Recreação provém do latim (recreativo, *recreatione*) e significa vulgarmente o mesmo que recreio (divertimento, entretenimento). Deriva do vocábulo *recreare*, cujo sentido é o de reproduzir, restabelecer, recuperar.

11

Recreação é a atividade física ou mental a que o indivíduo é naturalmente impelido para satisfazer as necessidades físicas, psíquicas ou sociais, de cuja realização lhe advém o prazer.

Segundo Joseph Lee: "*Recreação não é simplesmente uma coisa de que a criança gosta, mas algo de que precisa para crescer. É mais do que parte essencial de sua educação, é parte essencial da lei do crescimento, do progresso através do qual ela se torna adulta.*"

4.2 IMPORTÂNCIA DA RECREAÇÃO

A prática da educação vem, nos últimos tempos, sofrendo uma série de transformações, decorrentes da nova maneira de compreender o educando.

Sendo a criança vista como um todo, uma unidade indivisível, os professores passaram a preocupar-se não apenas com o seu progresso intelectual, mas também com os demais aspectos do seu crescimento: físico, emocional e social.

A escola passou, então, a promover o desenvolvimento integral dos seus alunos.

Tal mudança de filosofia da educação pôs em destaque as possibilidades educacionais de um programa bem dirigido de recreação.

As atividades recreativas, dessa forma, passaram a ser realizadas na escola, tornando-se parte integrante de seu currículo.

O papel desempenhado pela recreação tem sido da maior importância, cabendo-lhe, sobretudo, tornar a escola mais agradável, mais atraente, além de oferecer aos professores muitas de suas técnicas, dentre as quais as histórias, os brinquedos, o canto, o teatrinho, os jogos que poderão ser utilizados como valioso recurso no trabalho educativo.

É também, por intermédio das atividades recreativas, que a criança descarrega a sua tensão emocional, libera a energia acumulada durante horas de inatividade e encontra o prazer e a alegria capazes de compensar a seriedade de certas tarefas a que é submetida.

Exerce, ainda, a recreação, poderosa influência no processo de ajustamento dos educandos ao grupo social a que pertencem, pelos contatos interpessoais benéficos, que costumam favorecer, concorrendo, assim, para o desenvolvimento harmonioso da personalidade de cada um, ajustando o indivíduo aos padrões de cultura.

4.3 OBJETIVOS

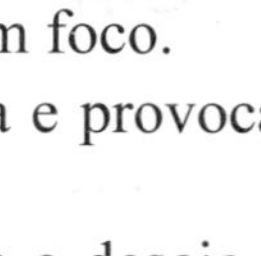

a) Orientar o interesse que as crianças revelam em ouvir, contar, construir e dramatizar histórias.
b) Estimular a curiosidade infantil a respeito do trabalho evangélico em foco.
c) Incentivar nas crianças o desenvolvimento do espírito de iniciativa e provocar-lhes reações prontas e adequadas às situações propostas.
d) Proporcionar às crianças situações intensas de jogo que satisfaçam o desejo de movimento, como também o de dominar o ambiente e o de medir-se diante de obstáculos e companheiros.
e) Oferecer às crianças oportunidades para eliminar as causas de timidez e agressividade, consequentes do desajustamento ao grupo.

f) Estimular o desejo que as crianças têm de pertencer a um grupo, favorecendo a aquisição de hábitos e atitudes que contribuam para a integração delas no grupo social.

g) Desenvolver sadia convivência entre as crianças; espírito de solidariedade; confiança em si mesmas e nos seus companheiros de equipe.

h) Desenvolver a capacidade de observação, análise, julgamento e decisão.

4.4 VALOR DOS JOGOS

Os jogos são valiosos pelo interesse que despertam nas crianças ou pela alegria que elas experimentam na sua execução. Trazem, ainda, a grande vantagem de oferecer, aos que deles participam, excelentes oportunidades para o desenvolvimento físico, mental, emocional e social.

a) **Físico** — Através do exercício propriamente dito.

b) **Mental** — Pela expansão de alegria, pelas torcidas, pelos gritos.

c) **Emocional** — Aprendendo a ganhar e a perder.

d) **Social** — Respeitando a autoridade constituída (o juiz), obedecendo às regras, competindo com honestidade, respeitando companheiros e adversários, etc.

Através dos jogos bem praticados, pode-se chegar a padrões altamente desejáveis de conduta.

4.5 FINALIDADES DA RECREAÇÃO NAS AULAS DE EVANGELIZAÇÃO

- Oferecer à criança as oportunidades de que carece para a fixação de conhecimentos e informações.
- Atender às necessidades reclamadas por seu organismo, através de brincadeiras saudáveis e alegres que favoreçam o desenvolvimento de hábitos e atitudes (honestidade, cooperação, cortesia, etc.) realçados dentro do ensinamento doutrinário.
- Ampliar sua vida psíquica, proporcionando-lhe novas experiências.
- Estimular suas tendências gregárias, desenvolvendo-lhes os sentimentos de grupo e de solidariedade fraterna.

4.6 CLASSIFICAÇÃO DOS JOGOS

Os jogos classificam-se em:

a) **Jogos sensoriais** — Atuam sobre os sentidos da criança, proporcionando-lhe sensações agradáveis e são preferencialmente destinados às crianças de pouca idade ou sensorialmente deficientes.

b) **Jogos motores** — São os mais numerosos. Segundo suas características, desenvolvem a força, a destreza, a coordenação neuromuscular, a velocidade de movimento.

c) **Jogos psíquicos** — Subdividem-se em:

- Intelectivos — Atuam sobre as qualidades intelectuais como o xadrez, o jogo de damas, as charadas, etc.
- Afetivos — Nesses jogos a criança experimenta prazer em provocar emoções.

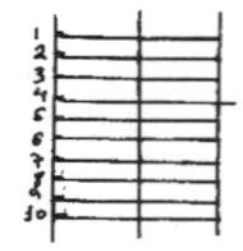

4.7 EXEMPLO DE JOGO

Pau-de-sebo — Numa cartolina desenhar dois paus-de-sebo (dois troncos semelhantes a postes), divididos em 10 partes pintadas em cores diversas. Desenhar duas crianças em papelão, pintá-las e recortá-las.

Espetar uma tacha (ou percevejo) na cintura de cada figura recortada. Dividir a turma em duas turmas. À medida que as perguntas são respondidas de forma correta, elevar a figura recortada que representa seu grupo nos espaços separados do pau-de-sebo. Se a pergunta for respondida de forma incorreta, a figura descerá para a faixa imediatamente inferior. A figura que atingir o alto, em primeiro lugar, revelará a turma vencedora.

A DERROTA NÃO DESMORALIZA NINGUÉM.
O QUE DESMORALIZA É A VITÓRIA TRAPACEADA.
CRIANÇA BRINCA APRENDENDO... E APRENDE BRINCANDO...

4.8 OUTROS TIPOS DE ATIVIDADES RECREATIVAS

São atividades que normalmente podem ser utilizadas na Evangelização, como forma de fixação da aprendizagem. Seu objetivo é divertir, recrear, dando oportunidade à vazão da criatividade como, por exemplo, atividades de modelagem, dobraduras, recortes, pintura, colagem, desenhos, quebra-cabeças, cruzadinhas, que promovem o desenvolvimento viso e audiomotor, além de benéficos exercícios rítmicos e memorização.

4.9 FUNÇÕES E VALORES DA RECREAÇÃO

Entre os objetivos educacionais que podem ser atingidos por intermédio da recreação bem orientada e dirigida, destacam-se abaixo, os que ajudam a criança em seu desenvolvimento harmonioso e completo:

Aspecto emocional:

Alegria: Inerente à própria recreação.

Autodomínio: Controle da expansão emocional em momentos de alegria ou entusiasmo da brincadeira.

Aspecto mental:
Atenção: Às regras, ordens, etc.
Capacidade criadora: Imaginação, iniciativa.
Iniciativa: Atendendo exigências da brincadeira.
Memória: Não esquecendo as regras do jogo e nem suas penalidades.

Aspecto social:
Cooperação: Característica indispensável no brincar em grupo.
Boa atitude: Saber ganhar e perder.
Tolerância: Com a opinião e sentimentos dos colegas e principalmente com os erros dos outros.
Respeito à autoridade constituída: Ao dirigente da brincadeira, à decisão da pessoa encarregada, etc.
Imparcialidade: Diante dos resultados obtidos.

Aspecto físico:
Coordenação motora: Domínio do corpo, força e resistência física: correr, pular, etc.
Flexibilidade e destreza: Desenvolvimento físico.

Aspecto espiritual:
Honestidade: Saber quando está com a razão e ter coragem de dizê-lo, mesmo quando não há outra criança por perto.
Senso de responsabilidade: Em relação aos demais membros do grupo.

AULA 12

Reflexão

"Vivemos numa época excessivamente materialista.
Sabemos muito, sentimos tão pouco.
A força dos braços mostra apenas a fraqueza do homem."

12

Atividades Paralelas às Aulas de Evangelização Infantil

1. ASSISTÊNCIA ESPIRITUAL

Embora este assunto seja da responsabilidade da Diretoria de Assistência Espiritual, julgamos importante tecer alguns comentários e esclarecimentos a respeito da parte que afeta diretamente o desempenho das aulas da Evangelização Infantil.

A assistência espiritual infantil, "**que deve ser exclusivamente para as crianças**", é realizada antes ou depois das aulas de Evangelização Infantil, como atividade distinta, independente, porém ambas se complementando no apoio e equilíbrio da criança e do lar.

O que podemos afirmar, com certeza, é que **passe sem evangelização,** no seu papel de educar e transformar, **não melhora a situação** desses Espíritos que estão reencarnando para ajustes e acertos em provações difíceis e em processos de resgates dolorosos.

O grande trabalho de Jesus é a bandeira dos seus ensinamentos. Ele veio para educar. E o nosso trabalho também é este: **Educar.** Não foram os milagres, as curas, as pessoas atendidas na lepra, na cegueira, na surdez que perduram até hoje. Foram sim, suas palavras, seus exemplos.

Importante: As aulas não devem ser sacrificadas, encurtadas, interrompidas para o tratamento de passes; portanto, os horários deverão ser acertados para que cada área (Evangelização e Assistência Espiritual) possa desenvolver as suas atividades, visando sempre o atendimento às crianças, encontrando o melhor caminho para que ambos os trabalhos se desenvolvam, cumprindo cada um o seu papel.

No caso em que as aulas de evangelização são realizadas antes da assistência espiritual, elas atuam como a preleção para os adultos. Quando se acalmam após a prece, ouvindo a pregação evangélica, vão para o passe já preparadas pelos Espíritos encarregados do atendimento espiritual, pois durante alguns momentos entraram em oração, elevando seu padrão vibratório, para que o tratamento seja mais eficaz.

Por outro lado, enquanto as crianças estão nas suas salas, os voluntários da sala de passes se preparam, utilizando o tempo para estudos, tratamento à distância (Samaritanos), vibrações e reciclagens.

De qualquer forma cada Casa deve adaptar-se à sua realidade, contando com os voluntários disponíveis, pois, muitas vezes, os voluntários da Assistência Espiritual são os próprios evangelizadores.

Quando a assistência espiritual é realizada antes das aulas de evangelização é importante manter um ambiente de tranquilidade durante o tempo de espera, com atividades calmas, e realizar uma prece para harmonização.

Os pais precisam ser esclarecidos de que a criança deve ser trazida às aulas de evangelização e não somente ao tratamento de passes. Deverão entender que elas serão felizes e saudáveis se aprenderem as lições de amor, paz, justiça e caridade contidas no Evangelho de Jesus para se tornarem adultos conscientes e reformados.

2. REUNIÃO DE PAIS E EVANGELIZADORES

Difere da sistemática e do programa da Escola de Pais; deverá ser realizada nos Centros onde não haja ainda Escola de Pais como veremos a seguir.

12

O ideal é que as reuniões sejam, no mínimo, com frequência trimestral, em dia e hora que se possa reunir a maioria dos pais. Que também sejam aproveitadas as datas das festividades (Mães, Pais, Dia das Crianças, Natal) como convite para que os pais venham ao Centro participarem de um encontro com os evangelizadores e para que conheçam o trabalho que é desenvolvido semanalmente com as crianças, assistindo a uma aula com elas. Para tal pesquisa-se com antecedência o dia de preferência da maioria deles. É importante que o evangelizador faça a promoção desse contato, levando as crianças a elaborarem convites e a insistirem com os pais pela sua participação.

As reuniões devem sempre iniciar com uma preparação breve, com prece, e a programação de uma palestra sobre um assunto de interesse educacional prático e muito simples ao alcance do entendimento e do tempo que se dispõe, com muito diálogo e participação de todos, além de música, uma apresentação artística e, quando possível, um pequeno lanche.

As reuniões deverão ser assistidas apenas pelos pais, nunca pelas crianças, pois tratarão de assuntos e problemas relacionados aos adultos. Quando forem apresentados alguns números artísticos, pelas crianças, no início da reunião, elas, depois, devem ser retiradas do local.

As reuniões deverão ser previamente planejadas e programadas pela equipe diretiva e evangelizadores da Casa. Todos os evangelizadores deverão participar, cada qual dirigindo-se aos pais das crianças de seu ciclo. É também muito interessante a projeção de slides e filmes educativos.

2.1 ORIENTAÇÕES PARA O DESENVOLVIMENTO DA REUNIÃO DE PAIS E EVANGELIZADORES

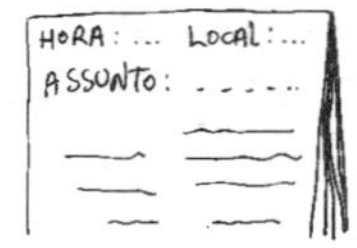

a) O planejamento da reunião deve ser cuidadoso: hora, local, assunto, convites, etc. Os evangelizadores deverão participar do planejamento em conjunto para que todos tenham a oportunidade de trocar experiências com os pais.

b) Sempre que possível, elogie a turma de um modo geral, não fazendo críticas ou citando nomes. Nenhum pai gosta de ouvir, publicamente, queixas de seus filhos, e, certamente, não contaremos com ele nas próximas reuniões.

c) Os casos que necessitem de maior atenção, poderão ser atendidos em outro horário, individualmente.

d) Receber os pais com atenção e cordialidade; a imagem que os pais fazem da organização do trabalho motivará a sua frequência.

e) Todos os evangelizadores envolvidos na reunião, deverão ter conhecimento do tema a ser apresentado para poderem participar das discussões, ajudando no debate do assunto.

f) Procurar levar "especialistas" (profissionais) em algum assunto de interesse educacional.

g) Explicar sempre os objetivos da Evangelização Infantil com linguagem clara e acessível, facilitando a comunicação; às vezes perde-se o ouvinte por uma terminologia inadequada.

h) Saber ouvir é uma arte; a participação dos pais nas reuniões depende muito do modo de conduzi-la. Sentindo-se ouvido, o pai sentir-se-á parte integrante do grupo.

i) Procurar dinamizar a reunião, usando técnicas de grupo simples e de fácil compreensão.

j) Avaliar a reunião. A avaliação serve de diagnóstico para um novo planejamento.

k) Finalmente, lembre-se: na Evangelização Infantil, onde o trabalho é de equipe, todos devem colaborar procurando dar o melhor de si mesmos e dando possibilidade aos outros de crescerem e serem elementos participantes desse grupo. Uma reunião bem planejada e bem conduzida motivará os pais, para uma participação mais atuante na colaboração da vivência dos ensinamentos do Evangelho em sua vida.

2.2 SUGESTÃO DE PLANEJAMENTO E DIREÇÃO DA REUNIÃO

a) Preparação simples (semelhante à preparação das preleções da Assistência Espiritual — sem a Prece das Fraternidades, não citando equipes de índios, soldados, pretos velhos para a segurança, pois isso pode assustar ou confundir os presentes, e sabemos que podemos contar com a proteção deles, mesmo sem citá-los, porque já fizemos a nossa preparação e a da Casa antes do início da reunião pública). A preparação deverá ser curta (não ultrapassando 5 minutos), finalizando com o Pai-Nosso (pedindo para que todos acompanhem mentalmente).

b) Um excelente recurso para a harmonização do ambiente é a música espiritualizante, distribuindo a letra para todos cantarem juntos, e também a apresentação de coral, violão, teclado — 5 minutos.

c) Exposição de palestras ou a apresentação de slides ou filmes educativos — 45 minutos.

d) Debates e perguntas sobre o tema exposto — 25 minutos.

e) Hora de arte (apresentação das crianças: teatrinho, jogral, música, etc.) — 10 minutos.

f) Prece de encerramento com vibrações muito simples, cujo foco sejam os lares, as crianças e jovens, a educação, a família, seus próprios lares e seus familiares mais necessitados — 5 minutos.

g) Tempo livre para se desfrutar de alguns momentos de confraternização, aproximando os pais para uma conversa informal e descontraída e assim poder conhecer seus anseios, problemas relacionados com a criança, etc. — Não deverá haver limite severo de tempo para esta confraternização, dependendo da disponibilidade dos pais e evangelizadores, usando-se o bom senso. Total da duração da reunião: 2 horas, aproximadamente.

2.3 EXPOSITORES E DIRIGENTES DAS REUNIÕES

Tanto para a Escola de Pais como para as Reuniões de Pais e Evangelizadores deverá haver um evangelizador ou responsável.

A pessoa convidada para falar sobre o tema deverá ter ou buscar conhecimentos e informações competentes, para discorrer sobre o assunto. É importante a escolha do tema com a devida antecedência, para que possa haver este preparo.

Quando o Centro não possuir elementos suficientes ou não puder contar com expositores regulares para as reuniões, devem os próprios evangelizadores aproveitar essa oportunidade para progredirem nesse setor, pois é imprescindível a complementação do trabalho da evangelização junto aos pais.

Os temas devem ser desenvolvidos e apresentados sem quaisquer referências pessoais. Os assuntos devem primar pela cortesia, gentileza e fraternidade, para que os pais sintam-se cercados de amigos e orientadores.

Quando os pais são bem recebidos e atendidos, tendem a colaborar com os evangelizadores interessando-se por comparecer às reuniões, participando ativamente das atividades da evangelização, e muitas vezes integrando-se ao grupo, como colaboradores. Entretanto, quando falta entre os evangelizadores a simpatia, que deve ser sua característica, normalmente os pais se afastam, desinteressando-se.

A fraternidade, a humildade, o respeito e o bom senso devem impregnar a apresentação do expositor. Apenas a instrução (intelectualidade) e o conhecimento do assunto, não fazem o bom expositor.

É preciso ensinar com firmeza e simplicidade, sem imposição e arrogância que não conquistam ninguém.

A DISCIPLINA FAMILIAR É BASEADA NO CUMPRIMENTO DE PROMESSAS, RECOMPENSAS E CASTIGOS. SEM ROTINA AS CRIANÇAS NÃO TÊM BASE PARA VIVEREM.

3. ESCOLA DE PAIS

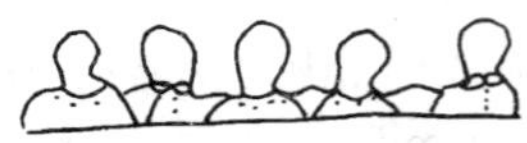

É um programa de estudos voltado à orientação da família para os pais ou responsáveis pelas crianças que frequentam a Evangelização Infantil.

Não é uma escola nos moldes convencionais, mas sim uma reunião fraterna, aberta a diálogos, sem pretensão de ser um curso espírita/doutrinador.

Uma das grandes aspirações dos pais é que seus filhos sejam educados moralmente.

Se o lar e a Evangelização Infantil se completam, o interesse dos pais na educação moral de seus filhos deve estender os ensinamentos da evangelização ao lar, porque os pais não podem pretender que a evangelização se encarregue inteiramente da educação moral e religiosa da criança.

O evangelizador conhece a criança como evangelizando e os pais a conhecem como filho.

E o que se pode concluir disso?

Conclui-se que deve haver maior aproximação entre pais e evangelizadores, uma vez que o lar e a evangelização visam o mesmo objetivo, isto é, a boa formação moral da criança.

Esse entendimento mútuo entre pais e evangelizadores é necessário e importante porque estabelecerá um plano de ação comum, dentro de moldes sadios e certos com resultados que só poderão ser satisfatórios e contribuirão decisivamente na formação do caráter da criança, na finalidade altamente educativa, pois nos dias que correm ele se torna cada vez mais necessário em virtude do aparecimento constante de novos problemas, como ângulos negativos do homem milenar de reações precoces, e o grande número de modificações sociais que este século nos tem proporcionado.

Insistimos, porém, que esse entendimento não pode e não deve ser apenas teórico. Deve ser real e afetivo. Se os pais apreciam atitudes sadias e cristãs em seus filhos, deverão esforçar-se para apreciar convenientemente as críticas sobre eles, se essas críticas forem salutares e construtivas.

Entendendo e aceitando essas críticas, estarão contribuindo para que o filho, bem orientado, tenha uma vida ordenada e equilibrada, porque outro interesse não move o evangelizador senão o de orientar essa criança que lhe foi confiada.

Os pais não podem conhecer o evangelizador, valendo-se unicamente das informações de seus filhos, assim como o evangelizador igualmente não poderá conhecer os pais somente através das crianças.

Para que a obra de evangelizar atinja os objetivos almejados, é preciso unir o trabalho do evangelizador ao dos pais. É necessário que haja o mais perfeito entrosamento entre ambos, para que o aprendido da evangelização não seja desaprendido no lar.

Se a tarefa da Evangelização não atingir o lar, estará incompleta, apresentando deficiências onde deveria encontrar apoio.

O evangelizando deve confiar plenamente naqueles que o orientam, sejam pais ou evangelizadores, para que haja segurança e firmeza na fixação dos ensinos em sua mente.

A criança, que aprende com o evangelizador um modo de vida cristão, choca-se ao perceber que o lar discorda com a ideia de modificação para melhor.

Se a criança não encontra apoio no lar, os ensinamentos do evangelizador não encontrarão eco em seu Espírito.

É muito importante para a criança que seus pais se entrosem com os ensinamentos recebidos, para o seu próprio bem-estar psíquico.

Quando os pais entram em desacordo com as ideias do evangelizador, automaticamente ficará o evangelizando com grande margem de insegurança, acabando por afastar-se da evangelização, ou buscarão outras direções, filosofias e até religiões na ilusória tentativa de encontrarem o que lhes falta no ambiente doméstico.

Assim como nas caravanas de Evangelização e Auxílio das Escolas de Aprendizes, no início e na implantação do trabalho, os evangelizadores deverão visitar as famílias, para divulgar a Escola de Pais, distribuir folhetos, convites para que venham e tragam seus filhos, conhecendo mais de perto o modo de vida das crianças, seu relacionamento com os pais e familiares, etc.

Deve o evangelizador aproveitar a visita para mostrar aos pais, o objetivo de seu trabalho de evangelização, sem o caráter de doutrinação ou forçamentos.

3.1 OBJETIVO DA ESCOLA DE PAIS

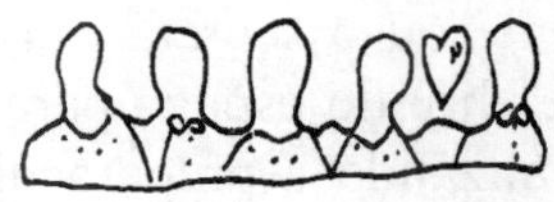

Através da exposição e debates de temas, propõe reflexão sobre o papel educativo dos pais para harmonizar o ambiente familiar, permitindo a eles tomarem contato com assuntos educativos que possam esclarecer suas dúvidas, ajudando a sanar dificuldades de relacionamentos nos mais diversos aspectos diários.

Transmite conhecimentos psicopedagógicos espirituais por meio de técnicas, dinâmicas de grupo e troca de experiências pessoais.

Dentre os vários objetivos importantes da Escola de Pais, destacamos os seguintes:

a) Conscientizar os pais do seu papel de educadores.

b) Dar aos pais informações atualizadas sobre questões psicológicas, educacionais, pedagógicas e científicas sobre o desenvolvimento e a formação da criança e do adolescente.

c) Revisão dos seus próprios conceitos e atitudes.

d) Planejamento de uma educação mais consciente.

e) Integração dos pais com os evangelizadores.

f) Deve ainda educar-se para educar.

3.2 NECESSIDADE DA SUA CRIAÇÃO

Muitas vezes os pais se queixam, quando passam pelas entrevistas no plantão, sobre problemas, dúvidas e a maneira de lidar com crianças e adolescentes, em busca de maiores informações.

Na Escola de Pais tem-se mais tempo para discutir e refletir sobre temas/assuntos relacionados ao ajustamento Biopsicossocio-Espiritual dos filhos, sob a orientação de expositores profissionais de várias áreas ou leigos que se preparam para transmitir informações sobre um determinado tema. Assim, trocando experiências e com os esclarecimentos transmitidos, os pais se sentem mais aliviados na árdua tarefa de criar seus filhos da maneira mais saudável e correta possível.

3.3 DIREÇÃO E FUNCIONAMENTO

A Escola de Pais são reuniões semanais, fruto de um trabalho paralelo às aulas de Evangelização Infantil, voltado para o esclarecimento "psico pedagógicos social" dos pais e responsáveis que trazem as crianças, enquanto elas ficam em aula.

A Escola de Pais conta com um dirigente e um secretário (a), preferencialmente com conhecimento e experiência na Evangelização Infantil, e que estão todas as semanas encarregados de receberem os pais, encaminhando-os à sala onde será realizada a reunião.

É importante que seja estipulado um horário de início e encerramento da reunião, que coincida com o tempo das aulas das crianças. Este tempo, para ser proveitoso no desenvolvimento dos temas e discussões, deverá ser entre 50 minutos à uma hora de duração.

O papel do dirigente é fundamental quanto à observância do horário da reunião procurando cumprir o tempo do seu início e término.

O dirigente ou o secretário (a) são os responsáveis pela direção e funcionamento da reunião, direcionando e abrindo espaço para as apresentações uns dos outros, principalmente quando chegam pais novos, realizando a preparação/prece, as vibrações, dando recados, fazendo convites sobre as demais atividades da Casa, transmitindo informações sobre o andamento das aulas das crianças, festinhas, comemorações, campanhas, etc.

É atribuição do dirigente apresentar os expositores e cuidar para evitar discussões acaloradas quanto aos assuntos polêmicos.

É atribuição do secretário (a) manter contato com os expositores, antecipadamente, a fim de confirmar sua presença nas datas ou possíveis trocas e substituições, mantendo assim o ritmo do trabalho o mais satisfatório e organizado possível.

Dirigente e secretário (a) deverão participar das reuniões de evangelizadores para trocarem informações sobre as crianças cujos pais frequentam a Escola de Pais. Estas informações podem ajudar os evangelizadores na seleção de temas para as aulas semanais.

Observação: Todo e qualquer tipo de comentários e informações sobre comportamentos das crianças, deverão ficar entre os pais e os evangelizadores, respeitando o sigilo e a ética do trabalho.

3.4 PROGRAMA E TEMAS DA ESCOLA DE PAIS

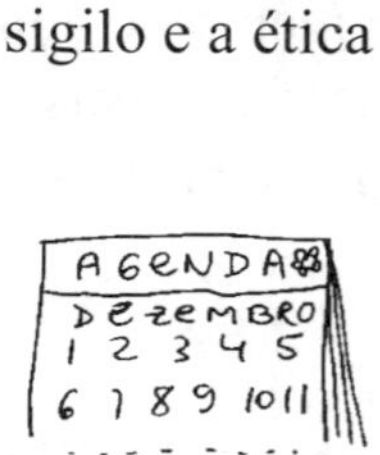

O programa deverá ser elaborado de acordo com a realidade e necessidade do público que frequenta o Centro, sempre ao final de cada ano, para o devido agendamento com os expositores, logo no início do ano seguinte.

Alguns temas são escolhidos através da análise de um questionário, que em novembro é entregue aos pais para que deem sugestões sobre assuntos que gostariam de conhecer, ajudando assim na elaboração do programa e outros tantos temas que fazem parte da estrutura natural de uma escola que trata da formação psico educacional religiosa das crianças.

3.5 RESULTADOS

Os resultados são muito satisfatórios, com depoimentos de pais mais seguros e otimistas. O grupo se mostra mais participativo e fraterno, percebendo que muitas dúvidas e dificuldades são comuns, caminhando para a melhoria do relacionamento entre os cônjuges, filhos, diminuindo o estresse familiar e a ansiedade dos pais em querer acertar ou temer errar com relação à educação dos filhos.

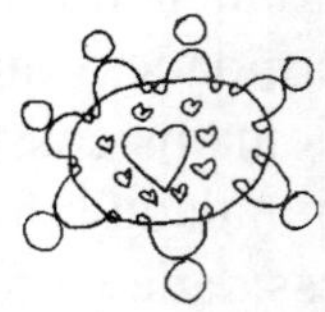

3.6 TEMAS PARA O DESENVOLVIMENTO DO PROGRAMA DAS REUNIÕES E ESCOLA DE PAIS

Os temas constam do *Vivência do Espiritismo Religioso*, Editora Aliança, livro este que padroniza os programas e as atividades básicas desenvolvidas pelos centros que se pautam pelo ideal da Aliança Espírita Evangélica.

Apesar de cada Grupo Espírita ter suas características próprias, o público que os frequenta ter interesses diversos, relacionamos a seguir, como sugestões, alguns temas que poderão ser preparados e desenvolvidos por expositores e apresentados nas aulas semanais:

1. A importância da brincadeira no desenvolvimento infantil
2. A mentira infantil
3. A transição dos sete anos
4. Adolescência e puberdade
5. Assistência espiritual
6. Autoestima
7. Boas maneiras
8. Características do desenvolvimento infantil
9. Casamento na visão espírita
10. Castigos e recompensas / violência familiar
11. Comportamentos negativos / não esperados
12. Compreensão, estímulo, amor: necessidades da criança
13. Comunicação e linguagem na família
14. Consumo responsável
15. Convivência com os mais velhos
16. Desenvolvimento da autonomia dos filhos
17. Disciplina e limites

18. Distúrbios emocionais
19. Divergência na educação dos filhos
20. Doenças na família
21. Educação para a paz
22. Educação: escola X lar
23. Educar para viver em sociedade
24. Elogio, crítica e afeto
25. Estrutura da evangelização infantil
26. Evangelho no lar
27. Expectativas dos filhos em relação aos pais conforme a faixa etária
28. Filhos adotivos
29. Filhos com necessidades especiais / superdotados
30. Gravidez precoce / Aborto
31. Hábitos alimentares
32. Harmonia no lar
33. Importância dos pais na formação da família
34. Maternidade e carreira profissional
35. Medicina psicossomática
36. Mediunidade infantil
37. Necessidade da formação religiosa / As consequências do cristianismo na vida moral
38. O homem de bem / valorização das virtudes
39. O temor da morte
40. Orientação vocacional
41. Outros educadores além dos pais
42. Participação na vida dos filhos/ausência / superproteção
43. Preconceito
44. Respeito à individualidade / ciúmes / filho único
45. Separações conjugais e a consequência para os filhos
46. Sexualidade
47. Sucesso escolar
48. Tecnologia da informação e criança
49. Várias formas de inteligências
50. Vícios e a família

Uma vez por ano será lançado um tema para uma campanha anual, que deverá ser abordada e enfatizada na Escola de Pais.

Portanto, o programa da Escola de Pais será assim constituído:

Sugestão dos Pais (específico para cada grupo)	+	Temas do Vivência (padronizado)	+	Tema da Campanha (padronizado)

SUGESTÃO DE BIBLIOGRAFIA PARA O DESENVOLVIMENTO DOS TEMAS PARA ESCOLA DE PAIS:

1. Obras da Codificação: *O Livro dos Espíritos* / *O Livro dos Médiuns* / *O Evangelho Segundo o Espiritismo* / *O Céu e o Inferno* / *A Gênese*, Allan Kardec, vários editores
2. *Família e Espiritismo*, autores diversos, USE
3. *Unidade do Lar*, João Nunes Maia, Fonte Viva
4. *Evangelho no Lar*, Maria T. Compri, FEESP
5. *Amor, Casamento e Família*, Jaci Regis, DICESP
6. *Vivendo em Família*, Maria Luiza Dias, Moderna
7. *A Vida em Família*, Rodolfo Calligaris, IDE
8. *Vida e Sexo*, Emmanuel, FEB
9. *Gestação: Sublime Intercâmbio*, Ricardo Di Bernardi, Universalista
10. *Deixe-me Viver*, Luiz Sérgio, LER
11. *SOS Família*, Joana de Ângelis, Alvorada
12. *Esclarecendo os Jovens*, Humberto Ferreira, FEEGO
13. *Obsessão/Desobsessão*, Suely C. Schubert, FEB
14. *Sexo e Evolução*, Walter Barcelos, Fonte Viva e FEB
15. *Espiritismo e os Problemas da Humanidade*, Celso Martins, EME
16. *Tóxicos – Duas Viagens*, Eurípedes Kühl, Fonte Viva
17. *A Mulher na Dimensão Espírita*, Jaci Regis, DICESP
18. *A Reencarnação*, Gabriel Delane, FEB
19. *Memória e o Tempo*, Hermínio Miranda, Lachâtre
20. *Nossos Filhos são Espíritos*, Hermínio Miranda, Lachâtre
21. *Os Pais e a Educação Evolutiva dos Filhos*, Salustiano Silva, LAKE
22. *Adolescência – Abordagem Psicanalítica*, Clara Regina Rappaport e outros, EPU
23. *Vida a Dois*, Moacir Costa e outros, EME
24. *Salvação Matrimonial*, Richard Simonetti, CEAC
25. *Amar Pode Dar Certo*, Roberto T. Shinyashiki e Eliana B. Dumet, Gente
26. *Eu, Sua Mãe*, Christiane Collange, Rocco
27. *Aos Pais de Adolescentes*, Eduardo Kalina e Halina Grynberg, Francisco Alves
28. *Sexo e Adolescência*, Içami Tiba, Ática
29. *Liberdade para Aprender*, Carl R. Rogers, Martins Fontes
30. *Educadores do Coração*, Walter Barcelos, União Espírita Mineira
31. *Filhos, Como Educá-los*, Visão Espírita, Roque Jacintho, Luz no Lar
32. *O Que Toda Criança Gostaria Que Os Pais Soubessem*, Dr. Lee Salk, Círculo do Livro
33. *Adolescer, Verbo Transitório*, Edson de Jesus Sardano, Depto. Editorial do C. E. Bezerra de Menezes, Santo André-SP
34. *Laços de Família*, Divaldo Pereira Filho, USE

35. *Mãe, Antologia Mediúnica*, F. C. Xavier, O Clarim
36. *Crianças e suas Vidas Passadas*, Carol Bowman, Salamandra
37. *Luz no Lar, Espíritos Diversos*, FEB
38. *Teu Lar, Tua Vida*, C. Torres Pastorino, Record
39. *Relacionamento entre Pais e Filhos*, Humberto Ferreira, FEEGO
40. *Separações Conjugais à Luz do Espiritismo*, Edgard Armond, Aliança
41. *Divórcio, A Favor ou Contra*, Luiz José de Mesquita, LTR
42. *A Arte de Amar*, Erich Fromm, Itatiaia
43. *Grupo de Mães e Pais*, Maria Aparecida Valente e Elaine Curti Ramazzini, USE
44. *O Livro dos Pais,* Autores diversos, volumes I e II, Editora Aliança.

"O alfabeto instrui. O livro espírita ilumina o pensamento."

Emmanuel

BIBLIOGRAFIA RECOMENDADA

1. Obras da Codificação: *O Livro dos Espíritos / O Livro dos Médiuns / O Evangelho Segundo o Espiritismo / O Céu e o Inferno / A Gênese*, Allan Kardec, vários editores

2. *Vademecum Espírita*, Luiz P. Guimarães, Editora Nosso Lar

3. *A Educação segundo o Espiritismo*, Dora Incontri, Commenius

4. *Educação do Espírito e Prática Pedagógica na Evangelização*, Walter Oliveira Alves, IDE

5. *A Criança Tal Como É*, Adolpho Menezes de Mello, Fundação Casa do Pequeno Trabalhador

6. *Psicoterapia de Adolescentes*, Eduardo Kalina, Francisco Alves

7. *Adolescência – Abordagem Psicanalítica*, Clara Regina Rappaport, EPU

8. *Conversando Sobre Sexo*, Marta Suplicy, Vozes

9. *Driblando A Dor*, Luiz Sérgio, Recanto

10. *Estatuto da Criança e do Adolescente*, vários editores

11. *A Arte de Viver Bem*, Flávio Gikovate, MG

12. *Crianças e Jovens, Izabel Bueno*, Fonte Viva

13. *Na Escola do Mestre*, Vinícius, FEESP

14. *Em Busca do Mestre*, Vinícius, FEESP

15. *100 Jogos para Grupos*, Ronaldo Yudi K. Yozo, Ágora

16. *Manual de Técnicas de Dinâmica de Grupo de Sensibilização de Ludopedagogia*, Celso Antunes, Vozes

17. *Exercícios Práticos de Dinâmica de Grupo e de Relações Humanas*, Silvino José Fritzen, Vozes

18. *Literatura Infantil*, Bárbara Vasconcelos de Carvalho, Lotus

19. *Dramaturgia Espírita*, Nazareno Tourinho, FEB

20. *O Espiritismo na Arte*, León Denis, Lachatre

21. *Introdução à Psicologia Evolutiva de Jean Piaget*, Rafael Ernesto López, Cultrix

22. *O Tratamento Clínico da Criança Problema*, Carl R. Rogers, Martins Fontes

23. *Psicopatologia da Criança e do Adolescente – Estudo de caso*, Hervé Beauchesne, Zahar

24. *Perturbações do Comportamento da Criança*, P. Debray-Ritzen e Badrig Melekiam, Cïrculo do Livro

25. *A Criança Que Não Aprende*, E. Mira Y Lópes, Mestre Jou

26. *Viva a Diferença! – Convivendo com as nossas restrições ou deficiências*, João Baptista Cintra Ribas, Moderna

27. *Pontos de Psicologia*, Célia Silva, G. Barros, Ática

28. *Psicologia da Criança*, Da Fase Pré-Natal aos Doze Anos, Maria Tereza da Cunha Coutinho

29. *Psicologia Ocupacional*, Donald E. Super e Martin J. Bohn Júnior, Atlas

30. *Tornar-se Pessoa*, Carl R. Rogers, Martins Fontes

31. *Qualidade Começa em Mim – Manual Neurolinguístico de Liderança e Comunicação*, Dr. Tom Chung, Maltese

32. *Inteligência Emocional*, Daniel Goleman (Ph.D.), Objetiva
33. *A Descoberta de Seu Filho Pelo Desenho*, Roseline Davido, Arte Nova
34. *Psiquiatria em Face da Reencarnação*, Dr. Inácio Ferreira, FEESP
35. *Ciências – O Corpo Humano*, Marques & Porto, Scipione
36. *Proezas do Menino Jesus*, Luís Jardim, José Olympio
37. *A Vida de Allan Kardec Para as Crianças*, Clóvis Tavares, LAKE
38. *Como aprendemos? Teoria e prática na educação espírita, Lucia Moysés, Ed. EME*